AF281185

PREVENCIÓN DE RIESGOS LABORALES

INSTALACIONES ELÉCTRICAS PROVISIONALES DE OBRA

Autora: Lucía Blanco Bartolomé

CRÉDITOS:

AUTORES:

Dª LUCÍA BLANCO BARTOLOMÉ

Título: Prevención de riesgos laborales. Instalaciones eléctricas provisionales de obra.

© Lucía Blanco Bartolomé

© Prevención de riesgos laborales. Instalaciones eléctricas provisionales de obra. 3ª edición

ISBN formato papel: 978-84-685-8032-6

ISBN eBook en PDF: 978-84-685-8033-3

3ª edición, Febrero 2024, Alicante.

Impreso en España / *Printed in Spain*

Editado por Bubok Publishing S.L

Puesto a la venta en:

Todos los derechos reservados. Ni la totalidad ni parte de este libro puede reproducirse o transmitirse por ningún procedimiento electrónico o mecánico, incluyendo la fotocopia, grabación magnética, o cualquier almacenamiento de información y sistema de recuperación sin permiso previo por escrito de los autores.

ÍNDICE GENERAL

A - RIESGOS ELÉCTRICOS

B - INSTALACIONES ELÉCTRICAS PROVISIONALES DE OBRA

C - TRABAJOS NO ELÉCTRICOS EN PRESENCIA DE INSTALACIONES ELÉCTRICAS – TRABAJOS EN PROXIMIDAD

Índice completo

PRÓLOGO

Esta publicación forma parte de una serie más amplia de documentos sobre prevención de riesgos laborales, basados en trabajos previos publicados con **D. Gustavo A. Arcenegui Parreño**. Recogen los contenidos fundamentales de las asignaturas que impartimos de **Prevención de Riesgos Laborales en Edificación** en el **Grado en Arquitectura Técnica** y de **Seguridad en el Trabajo I y Seguridad y Salud en la construcción** del **Máster Universitario en Prevención de Riesgos Laborales**. Se trata de tres asignaturas adscritas al Área de Construcciones Arquitectónicas dentro del **Departamento de Edificación y Urbanismo** de la **Escuela Politécnica Superior de la Universidad de Alicante**. Por lo tanto, es un material muy útil tanto para estudiantes de estas materias en otros centros de estudios, así como para profesionales que tengan que aplicar la prevención de riesgos laborales. Para conocer otras publicaciones sobre estos autores, se puede acceder a su blog: http://prevencionderiesgos-laborales.blogspot.com.es/search/label/Publicaciones.

Se ha decidido publicar este material actualizado así como otros a través de esta editorial, con la doble finalidad: Abrir su difusión a estudiantes y profesores de otros centros de estudios así como para profesionales que tengan que aplicar la prevención de riesgos laborales, y, por otro lado, facilitar este material de una forma más económica (en formato pdf) para que se pueda disponer de ellos siempre actualizados. El material se publicará en formato pdf y en formato papel. La mayor parte de estas publicaciones se revisará anualmente publicándose de nuevo actualizada. Cuando se compre el formato papel se suministrará también el enlace al documento en pdf en el mensaje de confirmación de la compra.

En este caso, se presenta una publicación donde se abordan los requisitos a tener en cuenta para reducir o eliminar los riesgos eléctricos durante la ejecución de las obras de construcción. Para ello, se aborda primero el riesgo originado por la energía eléctrica y sus posibles protecciones. A continuación se establecen los requisitos específicos a tener en cuenta en la instalación eléctrica provisional de obra. Y, por último, se exponen las medidas a adoptar en los trabajos no eléctricos en presencia de líneas eléctricas, también denominados trabajos en proximidad.

Los trabajos eléctricos en presencia de líneas eléctricas, también denominados trabajos en tensión y abordados por el RD 614/2001, no son abordados en esta publicación.

Lucía Blanco Bartolomé

A - RIESGOS ELÉCTRICOS

ÍNDICE

1.- INTRODUCCIÓN

La electricidad constituye una de las fuentes de energía más utilizada en las obras, su gran difusión ha sido motivada sin duda por su disponibilidad y facilidad de uso. Sin embargo, bajo el punto de vista de la Seguridad y Salud Laboral, es origen de riesgo, cuya actualización se concreta en muchas ocasiones en accidentes de carácter grave o mortal.

Al riesgo que comporta su uso se le denomina Riesgo Eléctrico, y lo definiremos como el Riesgo Originado por la Energía Eléctrica.

2.- LEGISLACIÓN APLICABLE

Con carácter general:

* De origen laboral:

- RD 614/2001, de 8 de junio, sobre disposiciones mínimas para la protección de la salud y seguridad de los trabajadores frente al riesgo eléctrico. Cuyo texto completo figura en el Anejo C de este tema.

* De origen no laboral:

- RD 842/2002 - Reglamento Electrotécnico para Baja Tensión.
- RD 337/2014, de 9 de mayo, por el que se aprueban el Reglamento sobre condiciones y garantías de seguridad en instalaciones eléctricas de alta tensión y sus Instrucciones Complementarias ITC-RAT 01 a 23.
- RD 223/2008, de 15 de febrero, por el que se aprueban el Reglamento sobre condiciones técnicas y garantías de seguridad en líneas eléctricas de alta tensión y sus instrucciones técnicas complementarias ITC-LAT 01 a 09. Entrada en vigor el 19/09/2008.
- Decreto 3151/1968, Reglamento técnico de líneas eléctricas aéreas de alta tensión. (De aplicación a todas las líneas aéreas anteriores a la entrada en vigor del RD 223/2008).
- Real Decreto 1955/2000, de 1 de diciembre, por el que se regulan las actividades de transporte, distribución, comercialización, suministro y procedimientos de autorización de instalaciones de energía eléctrica.

3.- EFECTOS DE LA CORRIENTE ELECTRICA SOBRE EL CUERPO HUMANO

Los efectos de la corriente los podemos considerar divididos según:

Pase la corriente por el cuerpo humano

Directos
- fibrilación ventricular
- paro respiratorio-asfixia
- tetanización muscular
- quemaduras interiores y exteriores
- afecciones renales

Indirectos: (actos involuntarios del individuo afectado por el paso de la corriente)
- contusiones, fracturas, etc. (por pérdidas de equilibrio)
- golpes
- etc.

No pase la corriente por el cuerpo humano

Directos
- quemaduras por arco eléctrico
- lesiones oftálmicas por radiaciones del arco eléctrico (conjuntivitis, ceguera)

Indirectos
- lesiones diversas por explosiones de gases o vapores iniciadas por arcos eléctricos

4.- CAUSAS DE LAS LESIONES

Las causas principales de las lesiones para una frecuencia dada, son la intensidad de corriente, y el tiempo durante el cual pasa a través de la víctima.

Respecto al valor de la intensidad que, en general, las personas pueden soportar, indefinidamente sin peligro para ellas, podemos considerar tres aspectos.

- El umbral de intensidad a considerar
- El porcentaje de personas a proteger
- La frecuencia

Podemos considerar dos umbrales, aquel que no da lugar a ninguna reacción, incluso la percepción, al que le llamaremos umbral de percepción, y el otro límite es el correspondiente al límite de control muscular.

Se entiende por "CORRIENTE LÍMITE DE CONTROL MUSCULAR" al valor máximo de la corriente eléctrica que puede soportar una persona que sostiene un electrodo y puede soltarlo por acción de los músculos directamente excitados por esa corriente. Es decir, que si una persona sufre una descarga eléctrica, por tocar un objeto cargado eléctricamente, y el valor de la intensidad que circula por su mano es inferior o igual a esta corriente límite, esta persona podrá soltarse por sus propios medios del objeto que le produjo la descarga.

En lo referente al porcentaje de personas a proteger, debemos tener en cuenta, que no todas las personas soportan por igual la corriente eléctrica, así pues no se puede hablar de un valor límite sin definir el porcentaje de personas que pueden soportar este valor sin sufrir ningún trastorno.

El tercer aspecto es el valor de la frecuencia de la corriente, pues, según sea la frecuencia, el valor límite será distinto.

Por lo que respecta al tiempo, una persona puede soportar corrientes superiores al límite del control muscular, sin sufrir ningún daño irreversible, si se reduce el tiempo durante el que está sometido a la acción de dicha corriente.

Teniendo en cuenta esto, se elaboró el gráfico nº 1, basado en la experimentación realizada con personas con un peso mínimo de 50 Kp., y paso de corriente por las extremidades y frecuencias de 50 - 60 Hz., los valores indicados son, sin embargo, considerados como aplicables en la gama de frecuencias de 15 Hz a 100 Hz.

El gráfico correspondiente a corriente alterna queda dividido por las curvas a, b, c_1, c_2 y c_3, en cuatro zonas, a saber:

Zona AC-1: Posible percepción pero habitualmente no hay reacción al choque.

Zona AC-2: Percepción y eventuales contracciones musculares involuntarias pero habitualmente sin efectos fisiológicos eléctricos nocivos.

Zona AC-3: Normalmente ningún daño orgánico. Fuertes contracciones musculares involuntarias. Dificultades de respiración. Perturbaciones reversibles de las funciones del corazón. Puede producirse una inmovilización. Aumento de los efectos con la magnitud de la corriente.

Zona AC-4 (por encima de la curva c_1): Además de los efectos de la zona AC-3, efectos patofisiológicos tales como parada del corazón, parada de la respiración y quemaduras graves u otros daños celulares. Probabilidad de la fibrilación ventricular aumentando con la intensidad de la corriente y el tiempo, hasta alrededor del 5 % (AC-4.1.), hasta alrededor del 50 % (AC-4.2.) y más del 50 % más allá de la curva c_3 (AC-4.3.).

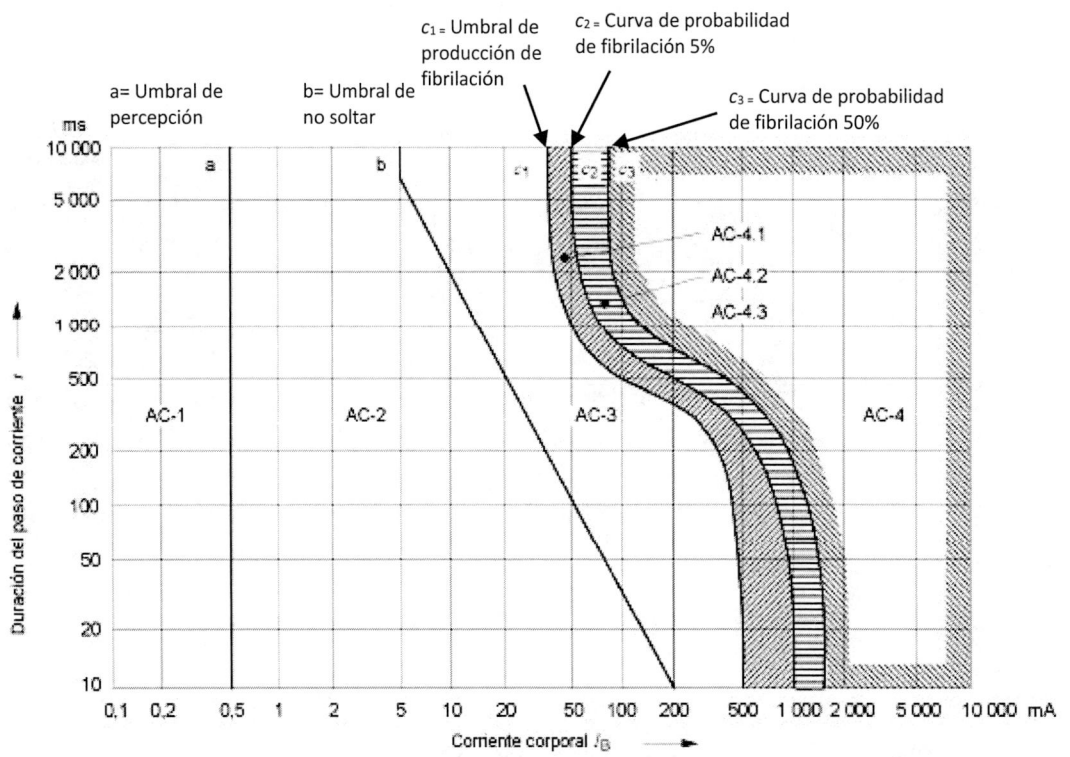

GRÁFICO Nº 1: Imagen de norma UNE-IEC/TS 60479-1:2007[1] para corriente alterna

NOTA

En lo que concierne a la fibrilación ventricular, esta figura se refiere a los efectos de la corriente que pasa en el trayecto "mano izquierda a los dos pies". Para otros proyectos de corriente, habría que ver otros estudios.

---

[1] UNE-IEC/TS 60479-1 Efectos de la corriente sobre el hombre y los animales domésticos. Parte 1: Aspectos generales

De igual manera, se ha obtenido el gráfico nº 2, correspondiente a corriente continua, y que figura a continuación.

Zona DC-1: Posible ligera sensación de cosquilleo.

Zona DC-2: Contracciones musculares involuntarias, pero habitualmente sin efectos fisiológicos eléctricos nocivos.

Zona DC-3: Normalmente ningún daño orgánico. Fuertes contracciones musculares involuntarias y perturbaciones reversibles de formación y de conducción de los impulsos del corazón, aumentando con la magnitud de la corriente y el tiempo.

Zona DC-4: Pueden ocurrir efectos patofisiológicos como parada del corazón, parada de la respiración, quemaduras graves u otros daños celulares. Probabilidad de la fibrilación ventricular aumentando con la magnitud de la corriente y el tiempo, hasta alrededor del 5 % (DC-4.1.), hasta alrededor del 50 % (DC-4.2.) y más del 50 % más allá de la curva c_3 (DC-4.3.)

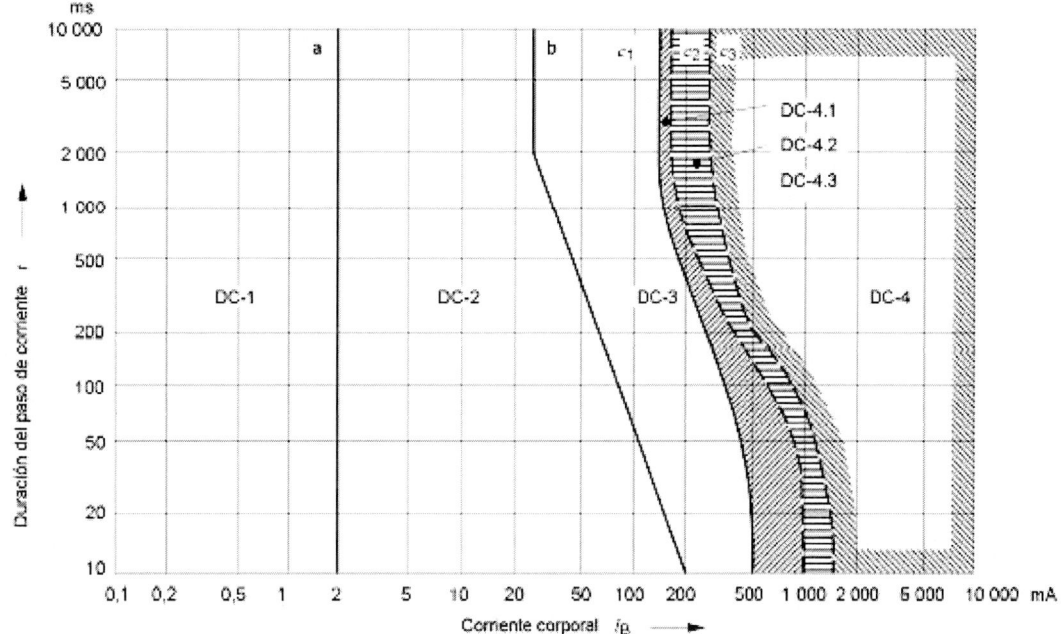

GRÁFICO Nº 2: Imagen de norma UNE-IEC/TS 60479-1:2007 para corriente continua

NOTA

En lo que concierne a la fibrilación ventricular, esta figura se refiere a los efectos de la corriente que circula de la mano izquierda a los pies y para una corriente ascendente.

Comparando los gráficos de corriente continua y de corriente alterna, se observa que los umbrales para la corriente continua son mayores que para la corriente alterna, es decir, que podemos llegar a la conclusión que el organismo humano soporta mejor el paso de la corriente continua que el de la alterna.

5.- TENSIONES DE SEGURIDAD

Teniendo en cuenta que la corriente circula por el cuerpo humano debido a la tensión que se le aplica y a la resistencia del mismo (Ley de Ohm $V = I \times R$), surge el concepto de tensión de seguridad, que es aquella tensión que aplicada al cuerpo humano no desencadena una circulación de corriente de valor peligroso para este.

Para este fin, será preciso conocer en las distintas circunstancias cual es la resistencia del cuerpo humano.

Diversas experiencias permiten llegar a la conclusión que la resistencia del cuerpo depende fundamentalmente de:

- Trayectoria de la corriente
- Superficie de contacto
- Presión de contacto
- Grado de humedad de la piel
- Tensión
- Frecuencia
- Edad
- Peso
- Estado fisiológico de los individuos
- Etc.

Como es lógico suponer, las investigaciones se han centrado sobre la frecuencia industrial de 50 - 60 Hz., personas adultas y sin taras patológicas, desprendiéndose de ello que los factores que más afectan a la resistencia son la trayectoria de la corriente, la tensión aplicada y el grado de humedad.

En la práctica se han considerado cuatro estados distintos:

1º - Piel seca y sin ningún sudor
2º - Piel húmeda
3º - Piel mojada
4º - Persona sumergida

Y considerando la trayectoria más probable de la corriente, es decir, mano a mano para el 1º y el 2º estado, y manos a pies para el 3º y 4º.

En el gráfico nº 3 se aprecian los valores de resistencia en cada uno de los estados.

RESISTENCIA CUERPO HUMANO

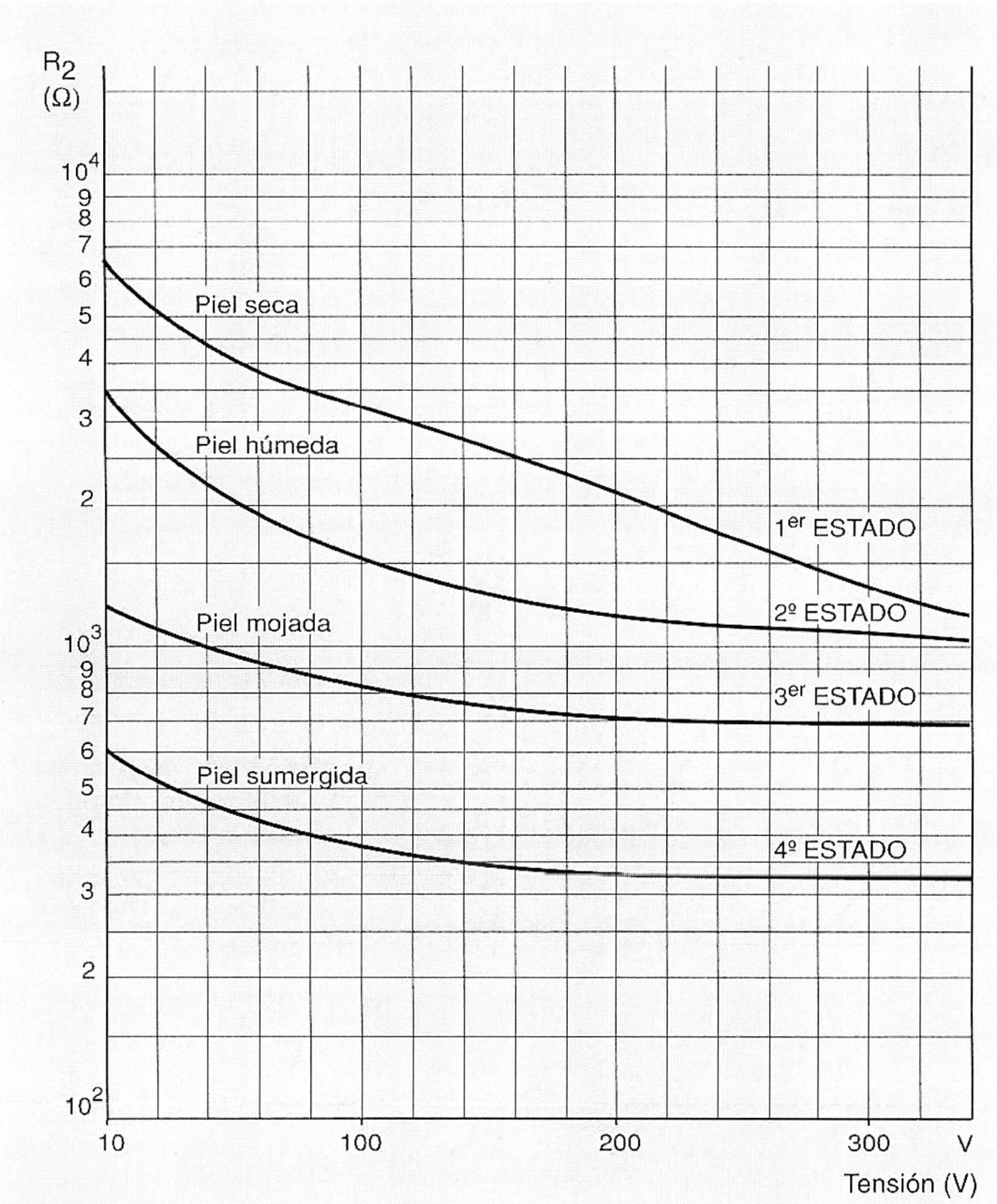

GRÁFICO Nº 3: Fuente: "Seguridad en el Trabajo". Manuel Bellastratén Belloví y otros. INSHT

La importancia de este gráfico radica en que nos permite construir curvas de tensiones de seguridad en función del tiempo como decíamos anteriormente.

Podemos tomar como valores convencionales de resistencia para cada uno de los cuatro estados, los indicados por las curvas del gráfico nº 3,y teniendo en cuenta el límite de intensidad de 25 mA., (esta intensidad es el valor convencionalmente aceptado que una persona puede soportar de forma permanente sin sufrir daño), tenemos como valores de tensión de seguridad los de las curvas tensión - tiempo del gráfico nº 4.

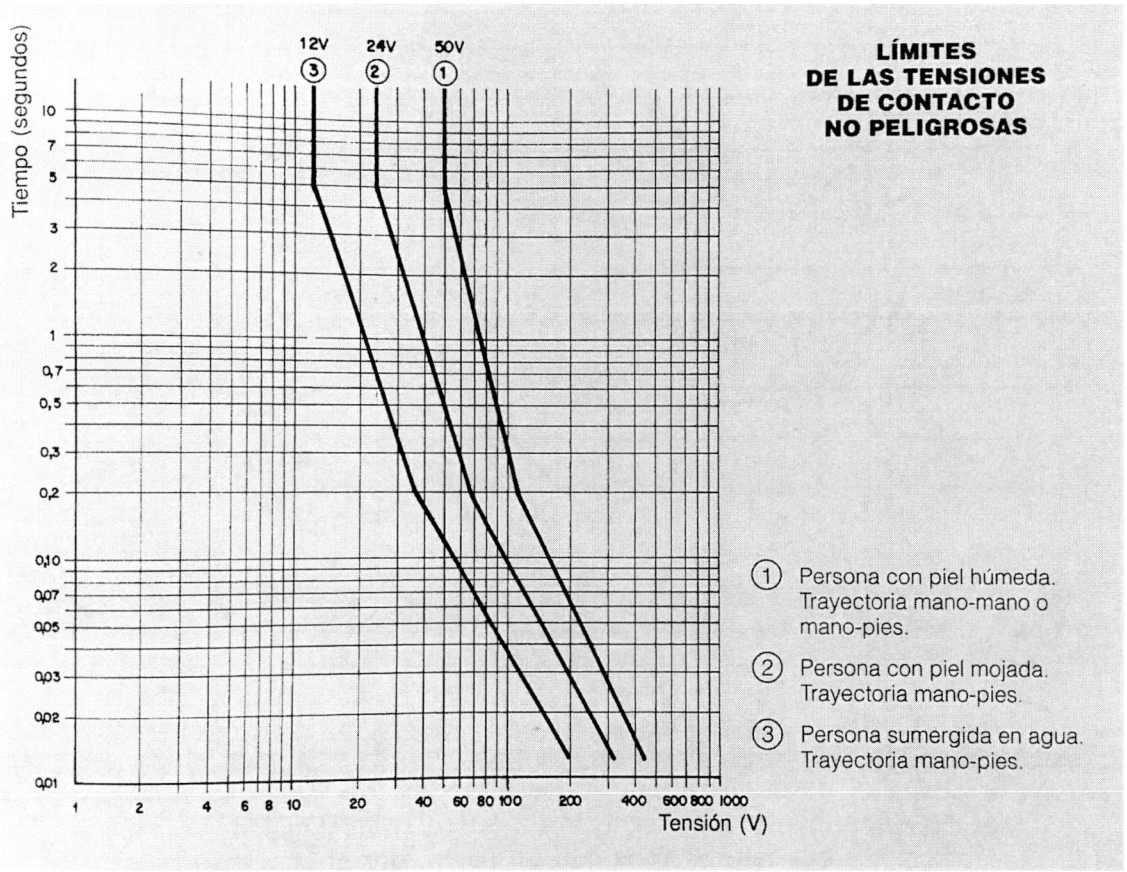

GRÁFICO Nº 4: Fuente: "Seguridad en el Trabajo". Manuel Bellastratén Belloví y otros. INSHT

En el antiguo REBT (RD 2413/1973), se consideraba como Tensiones de Seguridad la de 24 V. para locales o emplazamientos húmedos o mojados y 50 V., para locales o emplazamientos secos. Estos valores coincidían con los deducidos para los estados 3º y 2º, respectivamente. Como se puede apreciar el REBT, no tenía en cuenta un valor de tensión de seguridad para el caso especial de personas sumergidas en agua, ni el caso muy improbable de persona perfectamente seca que corresponde al primer estado del supuesto anterior.

Por otro lado, en el actual REBT no se incluye la definición formal de tensiones de seguridad. No obstante, se consideran tres tipos de instalaciones a muy baja tensión: Muy Baja Tensión de Seguridad (MBTS), Muy Baja Tensión de Protección (MBTP) y Muy Baja Tensión Funcional (MBTF). En los tres casos la tensión nominal no excede de 50 V en corriente alterna y 75 V en corriente continua.

6.- CONTACTOS ELÉCTRICOS

Los contactos eléctricos se dividen en:

Contactos Directos

Aquellos contactos de personas con partes activas de materiales y equipos. Entendiéndose por partes activas, aquellas que están normalmente bajo tensión. En este tipo de contacto, la persona se halla en serie con el circuito del defecto.

Contactos Indirectos

Aquellos contactos de personas con masas puestas accidentalmente bajo tensión.

Entendiéndose por masa el conjunto de partes metálicas de un aparato o instalación que en condiciones normales están aisladas de las partes activas.

En este tipo de contacto, la persona se halla en paralelo con la resistencia de tierra de la masa, en el circuito de defecto.

Como resultado de estos contactos se produce el denominado choque eléctrico, entendido como: efecto fisiopatológico resultante del paso de corriente eléctrica a través del cuerpo humano o de un animal.

7.- SISTEMAS DE PROTECCIÓN

7.1.- Baja tensión

De acuerdo con el REBT, las instalaciones eléctricas de baja tensión se clasifican, según las tensiones nominales que se les atribuyan, en la forma siguiente:

DENOMINACIÓN	c.a. (valor eficaz)	c.c. (valor medio aritmético)
Pequeña tensión	$Un \leq 50\ V$	$Un \leq 75\ V$
Tensión usual	$50 < Un \leq 500\ V$	$75 < Un \leq 750\ V$
Tensión especial	$500 < Un \leq 1000\ V$	$750 < Un \leq 1500\ V$

Igualmente y de acuerdo con el REBT antes citado tenemos que:
- Las tensiones nominales usualmente utilizadas en las distribuciones de corriente alterna serán:
  a) 230V entre fases para redes trifásicas de tres conductores.
  b) 230 V entre fase y neutro, y 400 V entre fases, para las redes trifásicas de cuatro conductores.
- La frecuencia normalizada para la corriente alterna es de 50Hz.

7.1.1.- Protección contra contactos eléctricos directos e indirectos

La protección contra los choques eléctricos para contactos directos e indirectos a la vez se realiza mediante la utilización de muy baja tensión de seguridad (MBTS).

7.1.2.- Protección contra contactos eléctricos directos

- Aislamiento de las partes activas

Las partes activas deberán estar recubiertas de un aislamiento que no pueda ser eliminado más que destruyéndolo.

Las pinturas, barnices, lacas y productos similares no se considera que constituyan un aislamiento suficiente en el marco de la protección contra los contactos directos.

- Barreras o envolventes

Las partes activas deben estar situadas en el interior de las envolventes o detrás de las barreras que posean, como mínimo, el grado de protección IP XXB, cuyo significado se explicará más adelante. Si se necesitan aberturas mayores para la reparación de piezas o para el buen funcionamiento de los equipos, se adoptarán precauciones apropiadas para impedir que las personas o animales domésticos toquen las partes activas y se garantizará que las personas sean conscientes del hecho de que las partes activas no deben ser tocadas voluntariamente.

Las superficies superiores de las barreras o envolventes horizontales que son fácilmente accesibles deben responder como mínimo al grado de protección IP 4X o IP XXD.

Las barreras o envolventes deben fijarse de manera segura y ser de una robustez y durabilidad suficientes para mantener los grados de protección exigidos, con una separación suficiente de las partes activas en las condiciones normales de servicio, teniendo en cuenta las influencias externas.

Cuando sea necesario suprimir las barreras, abrir las envolventes o quitar partes de estas, esto no debe ser posible más que:

- bien con la ayuda de una llave o de una herramienta;
- o bien, después de quitar la tensión de las partes activas protegidas por estas barreras o estas envolventes, no pudiendo ser restablecida la tensión hasta después de volver a colocar las barreras o las envolventes;
- o bien, si hay interpuesta una segunda barrera que posee como mínimo el grado de protección IP 2X o IP XXB que no pueda ser quitada más que con la ayuda de una llave o de una herramienta y que impida todo contacto con las partes activas.

Grado de protección proporcionado por las envolventes[2]

El grado de protección es el nivel de protección proporcionada por una envolvente contra el acceso a partes peligrosas, contra la penetración de objetos extraños, contra la penetración de agua y contra los impactos mecánicos.

Código IP:

El código IP es un índice que indica el grado de protección proporcionado por la envolvente (caja, armario, etc) del material eléctrico contra el acceso a partes peligrosas, la penetración de cuerpos sólidos extraños, la penetración de agua y para suministrar una información adicional unida a la referida protección, todo ello según lo definido en la norma UNE-EN 60529:2018, que establece el siguiente criterio:

IP abcd

a = 1ª cifra característica (cifras de 0 a 6) – Protección contra la entrada de sólidos extraños y contra el acceso a partes peligrosas

b = 2ª cifra característica (cifras de 0 a 8) – Protección contra la penetración de agua

c = Letra adicional de grado de protección de personas contra el acceso a partes peligrosas cuando es más alta que la indicada por la primera cifra característica o si sólo se menciona la protección contra el acceso a partes peligrosas y la primera cifra característica es reemplazada por una X (opcional – letras A,B,C,D)

d = Letra suplementaria (opcional – letras H,M,S,W)

Cuando no es necesaria una cifra característica será sustituida por la letra "X" ("XX" si se omiten las dos cifras).

Las letras adicionales y/o las letras suplementarias pueden omitirse sin sustitución alguna.

Código IK:

El código IK es un índice que nos indica el grado de protección proporcionado por la envolvente del material eléctrico contra los impactos mecánicos externos. Este código queda definido en la norma UNE-EN 62262:2002[3] que establece el siguiente criterio:

IK xx

---

[2] Envolvente: Elemento que proporciona la protección del material contra algunas influencias externas y, en todas las direcciones, la protección contra los contactos directos. Ejemplos de envolventes pueden ser una caja o un armario de material eléctrico. Se ha de tener en cuenta que estas envolventes proporcionan protección a personas y animales contra el acceso a partes peligrosas.

[3] Teniendo en cuenta las modificaciones por la UNE-EN 62262:2002/A1:2022.

Siendo xx un grupo de cifras del 00 al 11. Cada grupo de cifras representa un valor de la energía de impacto

Cuadro explicativo del significado posibilidades código IK:

En el cuadro que sigue figura el significado de las distintas posibilidades para el código IK.

Código IK	IK00	IK01	IK02	IK03	IK04	IK05	IK06	IK07	IK08	IK09	IK10	IK11
Energía de impacto, J	a	0,14	0,2	0,35	0,5	0,7	1	2	5	10	20	50
a No protegido conforme a la norma UNE-EN 62262												

NOTA El grado de protección IK11 se puede especificar en evolventes especiales o rejillas de protección para aplicaciones exteriores en condiciones climáticas extremadamente duras. No sustituye al ensayo con saco de arena cuando este se especifica en la norma de producto correspondiente

Cuadros explicativos del significado posibilidades código IP:

En los cuadros siguientes, figura el significado de las diferentes posibilidades para el código IP:

Grados de protección contra el acceso a partes peligrosas indicadas por la primera cifra característica

Primera cifra característica	Grado de protección	
	Descripción breve	Definición
0	No protegido	-
1	Protegido contra el acceso a partes peligrosas con el dorso de la mano	El calibre de acceso, esfera 50 mm Ø quedará a una distancia suficiente de las partes peligrosas
2	Protegido contra el acceso a partes peligrosas con un dedo	El dedo de prueba articulado de 12 mm Ø y 80 mm de longitud quedará a una distancia suficiente de las partes peligrosas
3	Protegido contra el acceso a partes peligrosas con una herramienta	El calibre de acceso de 2,5 mm Ø no deberá penetrar
4	Protegido contra el acceso a partes peligrosas con un alambre	El calibre de acceso de 1,0 mm Ø no deberá penetrar
5	Protegido contra el acceso a partes peligrosas con un alambre	El calibre de acceso de 1,0 Ø no deberá penetrar
6	Protegido contra el acceso a partes peligrosas con un alambre	El calibre de acceso de 1,0 Ø no deberá penetrar

Grados de protección contra cuerpos sólidos extraños indicadas por la primera cifra característica

Primera cifra característica	Grado de protección	
	Descripción breve	Definición
0	No protegido	-
1	Protegido contra los cuerpos sólidos extraños superiores a 50 mm Ø y mayores	El calibre-objeto de esfera 50 mm Ø, no penetrará completamente [1]
2	Protegido contra los cuerpos sólidos extraños de 12,5 mm Ø y mayores	El calibre-objeto de esfera 12,5 mm Ø, no penetrará completamente [1]
3	Protegido contra los cuerpos sólidos extraños de 2,5 mm de Ø y mayores	El calibre-objeto de 2,5 mm Ø no penetrará nada [1]
4	Protegido contra los cuerpos sólidos extraños de 1,0 mm de Ø y mayores	El calibre-objeto de 1,0 mm de Ø no penetrará nada [1]
5	Protegido contra el polvo	No se impide del todo la penetración del polvo, pero éste no puede penetrar en cantidades suficientes como para perjudicar el buen funcionamiento del aparato o perjudicar la seguridad
6	Totalmente protegido contra el polvo	No hay penetración de polvo

[1] El diámetro entero del calibre-objeto no debería pasar por una abertura de la envolvente

Grados de protección contra la penetración de agua indicados por una segunda cifra característica

Segunda cifra característica	Grado de protección	
	Descripción breve	Definición
0	No protegido	-
1	Protegido contra la caída vertical de gotas de agua	Las gotas de agua no deberán producir efectos perjudiciales
2	Protegido contra las caídas de agua verticales con una inclinación máx. de 15° de la envolvente	La caída vertical de gotas no deben producir efectos perjudiciales, cuando la envolvente está inclinada hasta 15° de cada lado de la vertical
3	Protegido contra el agua en forma de lluvia	El agua que cae en lluvia fina, en una dirección, que tenga, respecto a los dos lados de la vertical un ángulo inferior o igual a 60°, no debe producir efectos perjudiciales
4	Protegido contra proyecciones de agua	El agua proyectada sobre a envolvente desde cualquier dirección, no debe producir efectos perjudiciales
5	Protegido contra chorros de agua	El agua proyectada en chorros sobre la envolvente desde cualquier dirección, no debe producir efectos perjudiciales
6	Protegido contra fuertes chorros de agua	El agua proyectada en chorros fuertes sobre la envolvente desde cualquier dirección, no debe producir efectos perjudiciales
7	Protegido contra los efectos de la inmersión en agua	No debe ser posible que el agua penetre en cantidad perjudicial en el interior de la envolvente sumergida temporalmente en agua, con una presión y un tiempo normalizados
8	Protegida contra la inmersión prolongada	No debe ser posible que el agua penetre en cantidad perjudicial en el interior de la envolvente sumergida continuamente en agua bajo condiciones que se acordarán entre el fabricante y el usuario, pero que son más severas que para la cifra 7

Grados de protección contra el acceso a partes peligrosas indicadas por la letra adicional

Letra adicional	Grado de protección	
	Descripción breve	Definición
A	Protegido contra el acceso con el dorso de la mano	El calibre de acceso de esfera de 50 mm Ø deberá quedar a una distancia adecuada de las partes peligrosas
B	Protegido contra el acceso con el dedo	El calibre de prueba articulado de 12,0 mm Ø, de longitud 80 mm, quedará a una distancia adecuada de las partes peligrosas
C	Protegido contra el acceso con una herramienta	El calibre de acceso de 2,5 mm Ø longitud 100 mm, quedará a una distancia adecuada de las partes peligrosas
D	Protegido contra el acceso con un alambre	El calibre de acceso de 1,0 mm Ø, longitud 100 mm quedará a una distancia adecuada de las partes peligrosas

Letras suplementarias

Letras	Significado
H	Aparato de alta tensión
M	Ensayo de verificación de la protección contra los efectos perjudiciales, debidos a la penetración de agua, efectuados sobre el material, estando sus partes móviles (por ejemplo, el rotar de una máquina rotativa) en movimiento.
S	Ensayo de verificación de la protección contra los efectos perjudiciales causados por la penetración de agua, efectuado sobre el material con sus partes móviles (por ejemplo, el rotor de una máquina giratoria) en reposo
W	Material diseñado de forma que pueda utilizarse en las condiciones atmosféricas especificadas, y en el que se han previsto medidas o procedimientos complementarios de protección.

- Obstáculos.

Esta medida no garantiza una protección completa y su aplicación se limita, en la práctica, a los locales de servicio eléctrico sólo accesibles al personal autorizado.

Los obstáculos están destinados a impedir los contactos fortuitos con las partes activas, pero no los contactos voluntarios por una tentativa deliberada de salvar el obstáculo.

Los obstáculos deben de impedir:

- bien, un acercamiento físico no intencionado a las partes activas;
- bien, los contactos no intencionados con las partes activas en el caso de intervenciones en equipos bajo tensión durante el servicio.

Los obstáculos pueden ser desmontables sin la ayuda de una herramienta o de una llave; no obstante, deben estar fijados de manera que se impida todo desmontaje involuntario.

- Puesta fuera del alcance por alejamiento

Esta medida no garantiza una protección completa y su aplicación se limita, en la práctica a los locales de servicio eléctrico sólo accesibles al personal autorizado.

La puesta fuera del alcance por alejamiento está destinada solamente a impedir los contactos fortuitos con las partes activas.

Las partes accesibles simultáneamente, que se encuentren a tensiones diferentes no deben encontrarse dentro del volumen de accesibilidad.

El volumen de accesibilidad de las personas se define como el situado alrededor de los emplazamientos en los que puede permanecer o circular personas, y cuyos límites no pueden ser alcanzados por una mano sin medios auxiliares. Por convenio, este volumen está limitado como se indica en la figura que sigue, entendiendo que la altura que limita el volumen es de 2´5 m.

Volumen de accesibilidad

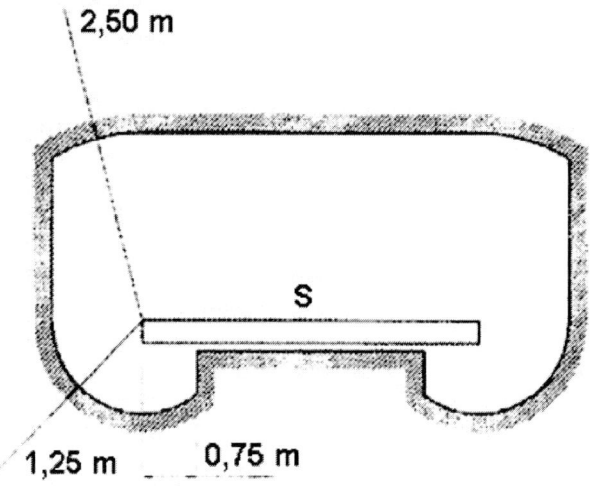

Límite de volumen de accesibilidad

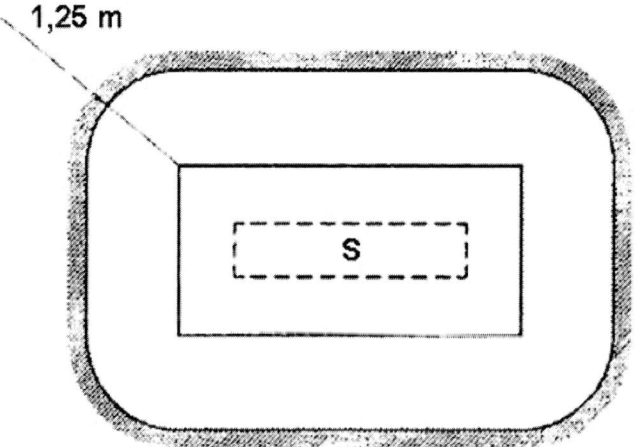

S = Superficie susceptible de ocupación por personas

Volumen de accesibilidad según la ITC-BT-24 sobre Protección contra los contactos directos e indirectos en Instalaciones interiores o receptoras

Cuando el espacio en el que permanecen y circulan personas está limitado por un obstáculo (por ejemplo, listón de protección, barandillas, panel enrejado) que presenta un grado de protección inferior a IP 2X o IPXXB, el volumen de accesibilidad comienza a partir de este obstáculo.

En los emplazamientos en los que se manipule corrientemente objetos conductores de gran longitud o voluminosos, las distancias prescritas anteriormente deben aumentarse teniendo en cuenta las dimensiones de estos objetos.

- Dispositivos de corriente diferencial-residual

Esta medida de protección está destinada solamente a complementar otras medidas de protección contra los contactos directos.

El empleo de dispositivos de corriente diferencial-residual, cuyo valor de corriente diferencial asignada de funcionamiento sea inferior o igual a 30 mA, se reconoce como medida de protección complementaria en caso de fallo de otra medida de protección contra los contactos directos o en caso de imprudencia de los usuarios.

Cuando se prevea que las corrientes diferenciales puedan ser no senoidales (como por ejemplo en salas de radiología intervencionista), los dispositivos de corriente diferencial-residual utilizados serán de clase A que aseguran la desconexión para las corrientes alternas senoidales así como para corrientes continuas pulsantes.

7.1.3.- Protección contra contactos eléctricos indirectos

- Corte automático de la alimentación.

El corte automático de la alimentación después de la aparición de un fallo está destinado a impedir que una tensión de contacto de valor suficiente, se mantenga durante un tiempo tal que pueda dar como resultado un riesgo.

Debe existir una adecuada coordinación entre el esquema de conexiones a tierra de la instalación y las características de los dispositivos de protección. (Ver Anejo B).

La tensión límite convencional es igual a 50 V, valor eficaz en corriente alterna, en condiciones normales. En ciertas condiciones pueden especificarse valores menos elevados, como por ejemplo 24 V.

De todas las posibilidades,
- Esquema TN.
- Esquema TT.
- Esquema IT.

a continuación trataremos el esquema TT, por ser el más utilizado. (Recordemos que, en España, este esquema es obligatorio para los distribuidores en Baja Tensión).

Esquemas TT. Características y prescripciones de los dispositivos de protección.

Todas las masas de los equipos eléctricos protegidos por un mismo dispositivo de protección deben ser interconectadas y unidas por un conductor de protección a una misma toma de tierra. Si varios dispositivos de protección van montados en serie, esta prescripción se aplica por separado a las masas protegidas por cada dispositivo.

El punto neutro de cada generador o transformador, o si no existe, un conductor de fase de cada generador o transformador, debe ponerse a tierra.

Se cumplirá la siguiente condición: $R_A \times I_a \leq U$,

donde:

R_A es la suma de las resistencias de la toma de tierra y de los conductores de protección de masas.
I_a es la corriente que asegura el funcionamiento automático del dispositivo de protección. Cuando el dispositivo de protección es un dispositivo de corriente diferencial-residual es la corriente diferencial-residual asignada.
U es la tensión de contacto límite convencional (50, 24 V, u otras según los casos).

En el esquema TT, se utilizan los dispositivos de protección siguientes:

- Dispositivos de protección de corriente diferencial-residual.
- Dispositivos de protección de máxima corriente, tales como fusibles, interruptores automáticos. Estos dispositivos solamente son aplicables cuando la resistencia R_A tiene un valor muy bajo.

Cuando el dispositivo de protección es un dispositivo de protección contra las sobreintensidades, debe ser:

- Bien un dispositivo que posea una característica de tiempo inverso e I_a debe ser la corriente que asegure el funcionamiento automático en 5 segundos como máximo;
- O bien un dispositivo que posea una característica de funcionamiento instantánea e I_a debe ser la corriente que asegura el funcionamiento instantáneo.

La utilización de dispositivos de protección de tensión de defecto no está excluida para aplicaciones especiales cuando no puedan utilizarse los dispositivos de protección antes señalados.

Con miras a la selectividad pueden instalarse dispositivos de corriente diferencial-residual temporizada (por ejemplo de tipo "S") en serie con dispositivos de protección diferencial-residual de tipo general, con un tiempo de funcionamiento como máximo igual a 1 segundo.

Por su utilización generalizada a continuación veremos el funcionamiento de los dispositivos de protección de corriente diferencial-residual, comúnmente conocidos como "interruptores diferenciales".

Interruptores diferenciales

El interruptor diferencial es un elemento de protección sensible a las corrientes de defecto a tierra.

El diferencial provocará el corte o apertura automática del circuito en fallo, en el momento que la corriente de defecto sobrepase el umbral de intensidad para el que el aparato está regulado. Este valor de corriente se designa convencionalmente por el signo $I_{\Delta n}$.

En un interruptor diferencial, podemos observar:
- Transformador diferencial, para la detección de la corriente de defecto.
- Disparador, para la conversión de una medida eléctrica variable en un desenclavamiento mecánico.
- Mecanismo interruptor de los contactos.

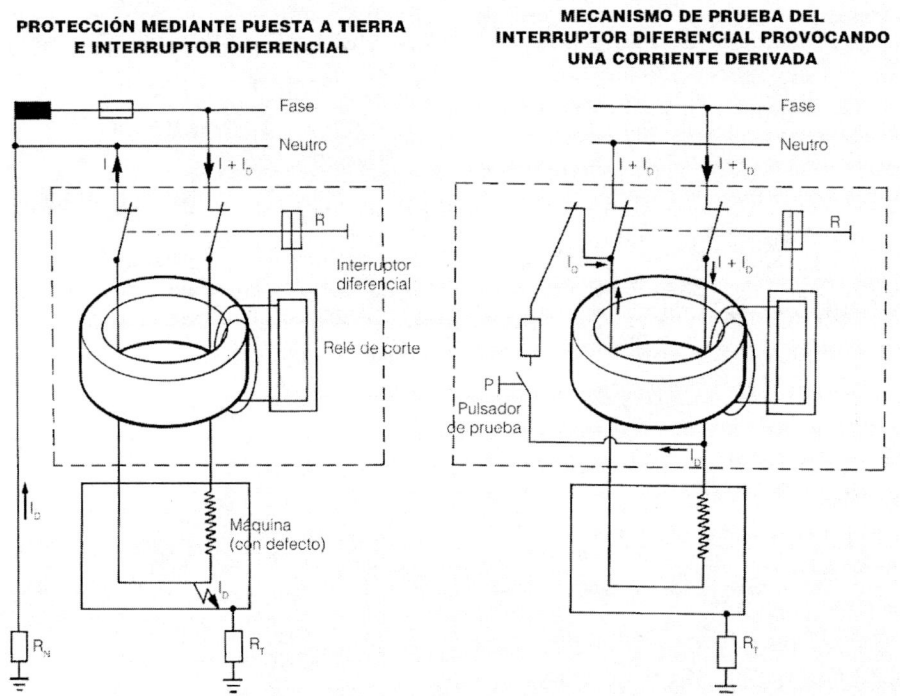

(Fuente: "Seguridad en el Trabajo". Manuel Bellastratén Belloví y otros. INSHT)

Por el transformador diferencial deben pasar todos los conductores activos de la instalación a la que protege (fases y neutro), pero nunca al conductor de protección.(tierra).

En una instalación sin defecto, los efectos magnéticos de los conductores que transporta la corriente se anulan para el transformador diferencial, ya que la suma de todas las corrientes es igual a 0, de acuerdo con las leyes de Kirchhoff. No existe ningún campo magnético residual que pueda inducir una corriente eléctrica en el devanado secundario.

Por el contrario, si a causa de un fallo de aislamiento fluye una corriente de defecto, el equilibrio se deshace y aparece un campo magnético residual en el núcleo del transformador. Esto genera una intensidad en el devanado secundario, que, a través del disparador y del mecanismo interruptor, desconecta el circuito de corriente afectado por el defecto de aislamiento.

Los interruptores diferenciales deben superar los ensayos de acuerdo con la UNE-EN 61008-1:2013.

Al valor de la intensidad de defecto que hace actuar al diferencial se le denomina sensibilidad del diferencial, conociéndose como sensibilidad normalizada al valor correspondiente al $I_{\Delta n}$.. En función de este valor tenemos diferenciales de: 10 mA, 30 mA, 100 mA, 300 mA, 500 mA, 1 A, 3 A, 10 A, 30 A.

Otro parámetro importante a tener en cuenta en la selección de un diferencial es su intensidad nominal $I_{n,}$, entendida como la máxima cantidad de corriente que el fabricante ha previsto que circule por el mismo sin que su funcionamiento se vea afectado.

- Empleo equipos clase II o por aislamiento equivalente.

Se asegura esta protección por:

- utilización de equipos con un aislamiento doble o reforzado (clase II).
- Conjuntos de aparamenta construidos en fábrica y que posean aislamiento equivalente (doble o reforzado).
- Aislamientos suplementarios montados en el curso de la instalación eléctrica y que aíslen equipos eléctricos que posean únicamente un aislamiento principal.
- Aislamientos reforzados montados en el curso de la instalación eléctrica y que aíslen las partes activas descubiertas, cuando por construcción no sea posible la utilización de un doble aislamiento.

(Ver Anejo A)

- Locales o emplazamientos no conductores.

Esta medida de protección está destinada a impedir en caso de fallo del aislamiento principal de las partes activas, el contacto simultáneo con partes que pueden ser puestas a tensiones diferentes. Se admite la utilización de materiales de la clase 0 condición que se respete el conjunto de las condiciones siguientes:

Las masas deben estar dispuestas de manera que, en condiciones normales, las personas no hagan contacto simultáneo: bien con dos masas, bien con una masa y cualquier elemento conductor, si estos elementos pueden encontrarse a tensiones diferentes en caso de un fallo del aislamiento principal de las partes activas.

En estos locales (o emplazamientos), no debe estar previsto ningún conductor de protección.

Las prescripciones del apartado anterior se consideran satisfechas si el emplazamiento posee paredes aislantes y si se cumplen una o varias de las condiciones siguientes:

a. Alejamiento respectivo de las masas y de los elementos conductores, así como de las masas entre sí. Este alejamiento se considera suficiente si la distancia entre dos elementos es de 2 m como mínimo, pudiendo ser reducida esta distancia a 1,25 m por fuera del volumen de accesibilidad.
b. Interposición de obstáculos eficaces entre las masas o entre las masas y los elementos conductores. Estos obstáculos son considerados como suficientemente eficaces si dejan la distancia a franquear en los valores indicados en el punto a). No deben conectarse ni a tierra ni a las masas y, en la medida de lo posible, deben ser de material aislante.
c. Aislamiento o disposición aislada de los elementos conductores. El aislamiento debe tener una rigidez mecánica suficiente y poder soportar una tensión de ensayo de un mínimo de 2.000 V. La corriente de fuga no debe ser superior a 1 mA en las condiciones normales de empleo.

Las figuras siguientes contienen ejemplos explicativos de las disposiciones anteriores.

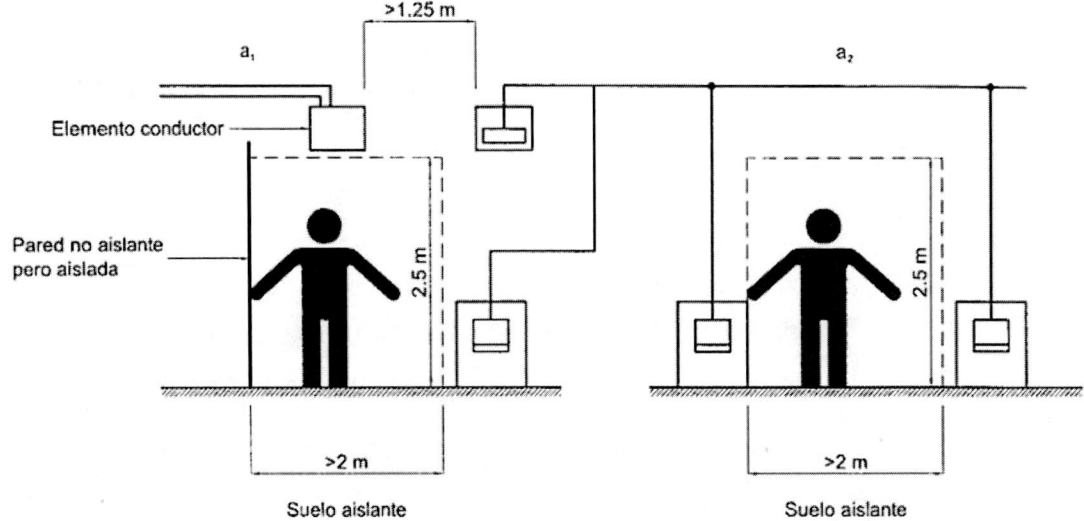

(Fuente: ITC-BT-24 sobre Protección contra los contactos directos e indirectos en Instalaciones interiores o receptoras)

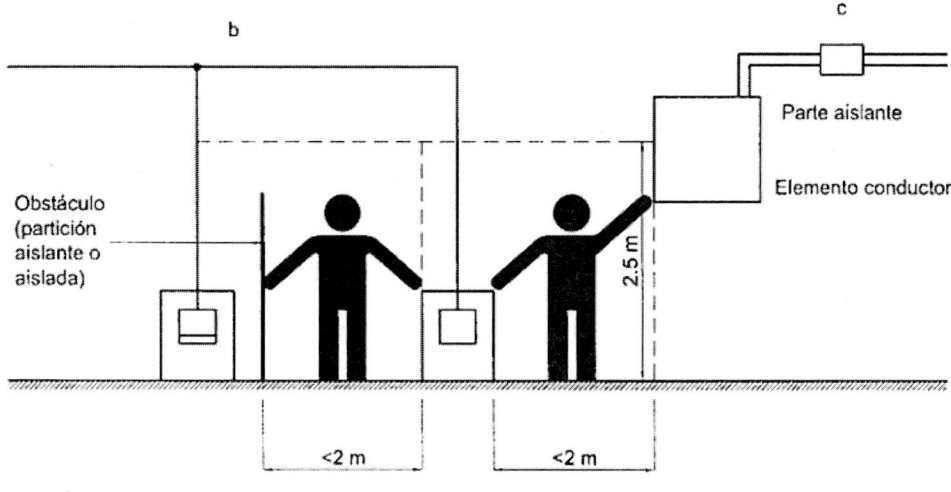

(Fuente: ITC-BT-24 sobre Protección contra los contactos directos e indirectos en Instalaciones interiores o receptoras)

Las paredes y suelos aislantes deben presentar una resistencia no inferior a:

- o 50 kΩ, si la tensión nominal de la instalación no es superior a 500 V; y
- o 100 kΩ, si la tensión nominal de la instalación es superior a 500 V,

Si la resistencia no es superior o igual, en todo punto, al valor prescrito, estas paredes y suelos se considerarán como elementos conductores desde el punto de vista de la protección contra las descargas eléctricas.

Las disposiciones adoptadas deben ser duraderas y no deben poder inutilizarse. Igualmente deben garantizar la protección de los equipos móviles cuando esté prevista la utilización de éstos.

Deberá evitarse la colocación posterior, en las instalaciones eléctricas no vigiladas continuamente, de otras partes (por ejemplo, materiales móviles de la clase I o elementos conductores, tales como conductos de agua metálicos), que puedan anular la conformidad con el apartado anterior.

Deberá evitarse que la humedad pueda comprometer el aislamiento de las paredes y de los suelos.

Deben adoptarse medidas adecuadas para evitar que los elementos conductores puedan transferir tensiones fuera del emplazamiento considerado.

- Conexiones equipotenciales locales no conectadas a tierra

Los conductores de equipotencialidad deben conectar todas las masas y todos los elementos conductores que sean simultáneamente accesibles.

La conexión equipotencial local así realizada no debe estar conectada a tierra, ni directamente ni a través de masas o de elementos conductores.

Deben adoptarse disposiciones para asegurar el acceso de personas al emplazamiento considerado sin que éstas puedan ser sometidas a una diferencia de potencial peligrosa. Esto se aplica concretamente en el caso en que un suelo conductor, aunque aislado del terreno, está conectado a la conexión equipotencial local.

- Separación eléctrica

El circuito debe alimentarse a través de una fuente de separación, es decir:

o   un transformador de aislamiento,
o   una fuente que asegure un grado de seguridad equivalente al transformador de aislamiento anterior, por ejemplo un grupo motor generador que posea una separación equivalente.

En el caso de que el circuito separado no alimente más que un solo aparato, las masas del circuito no deben ser conectadas a un conductor de protección.

En el caso de un circuito separado que alimente muchos aparatos, se satisfarán las siguientes prescripciones:

a.   Las masas del circuito separado deben conectarse entre sí mediante conductores de equipotencialidad aislados, no conectados a tierra. Tales conductores, no deben conectarse ni a conductores de protección, ni a masas de otros circuitos ni a elementos conductores.
b.   Todas las bases de tomas de corriente deben estar previstas de un contacto de tierra que debe estar conectado al conductor de equipotencialidad descrito en el apartado anterior.
c.   Todos los cables flexibles de equipos que no sean de clase II, deben tener un conductor de protección utilizado como conductor de equipotencialidad.
d.   En el caso de dos fallos francos que afecten a dos masas y alimentados por dos conductores de polaridad diferente, debe existir un dispositivo de protección que garantice el corte en un tiempo como máximo igual al indicado en la tabla 1 incluida en el apartado 4.1.1, para esquemas TN, del REBT

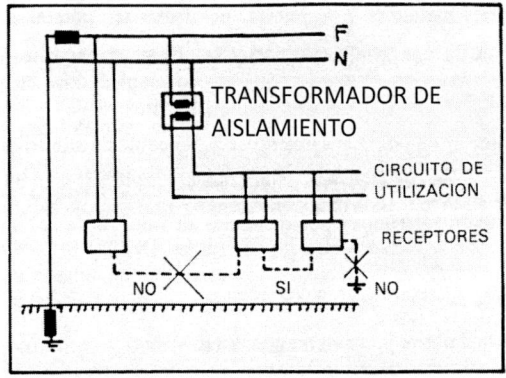

7.2.- Alta Tensión

La protección contra los contactos eléctricos en Alta Tensión pueden ser divididos al igual que en baja tensión, en contactos directos y contactos indirectos, siendo los principios de protección los mismos, independientemente de la tensión de servicio.

Las tensiones normalizadas en Alta Tensión son: 3, 6, 10, 15, 20, 30, 45, 66, 132, 220, 380 KV.

7.2.1.- Protección contra contactos directos

El aislamiento de los conductores tiene gran aplicación en las redes subterráneas, mientras que en los tendidos aéreos se emplea la interposición de pantallas que impiden el acceso a partes con tensión y el alejamiento de los elementos conductores del lugar por donde transitan las personas.

Los locales destinados a alojar en su interior equipos de alta tensión deberán disponerse de forma que queden cerrados de tal manera que se impida el acceso de las personas ajenas al servicio.

Las puertas de acceso al recinto, en que se hallan aparatos de alta tensión, estarán protegidas por rótulos con indicación de peligro de alta tensión.

Las pantallas protectoras pueden ser de diversos tipos, así pues tenemos pantallas portátiles que impiden el acceso a partes con tensión, o pantallas fijas con la misma finalidad.

Las partes activas de la instalación deben estar alejadas del lugar de paso de las personas a unas distancias consideradas de seguridad, y que no deben sobrepasarse en ningún momento ni con el cuerpo ni con objetos que no sean las propias pértigas de maniobra.

Tensión entre fases KV	Distancia mínima en m
10	0.80
15	0.90
20	0.95
25	1.00
30	1.10
45	1.20
66	1.40
110	1.80
132	2.00
220	3.00
380	4.00

7.2.2.- Protección contra contactos indirectos

Es lógico pensar que, en general, en alta tensión podríamos emplear los mismos sistemas de protección contra contactos eléctricos indirectos que hemos visto en baja tensión.

Los sistemas de doble aislamiento, separación de circuitos o puesta al neutro de las masas no tienen sentido ya sea por dificultades mecánicas de construcción, o que encarecería enormemente las instalaciones.

Así pues el único sistema posible es el de puesta a tierra de las masas asociado con dispositivos de corte por tensión de defecto, o por dispositivos de corte por intensidad de defecto.

Como ya vimos en el caso de la baja tensión, los sistemas de protección para contactos indirectos son eficaces siempre que la curva de respuesta de disparo del dispositivo se encuentre más a la izquierda que las curvas de seguridad intensidad-tiempo o la de tensión-tiempo. En el caso de Alta Tensión ocurriría lo mismo, que serían útiles para la protección de las personas los dispositivos de disparo por intensidad de defecto o tensión de defecto que cumplan las condiciones anteriores.

8.- BIBLIOGRAFÍA DE LA PUBLICACIÓN COMPLETA

La bibliografía utilizada para la publicación completa es la siguiente:

- Textos legales citados en el tema.
- "Instalaciones eléctricas de obra", Juan Antonio Calvo Sáez, edita ASEPEYO.
- "Seguridad en el Trabajo", Manuel Bellastratén Belloví y otros. INSHT
- NTP-400, INSHT.
- NTP-72, INSHT.
- **Guía Técnica para la evaluación y prevención del Riesgo Eléctrico**", INSHT.

ANEJO A: CLASIFICACIÓN DE LOS RECEPTORES

De acuerdo con el REBT ("ITC-BT-43"), los receptores destinados a ser alimentados con tensiones que no excedan de 440 V en valor eficaz entre fases (254 V en valor eficaz entre fase y tierra), se clasifican atendiendo a la protección contra los choques eléctricos de la forma siguiente:

- Clase 0

No llevan dispositivos que permitan unir las partes metálicas accesibles, a un conductor de protección. Su aislamiento corresponde a un aislamiento funcional, aunque pude tener alguna parte provista de un doble aislamiento o de aislamiento reforzado.

Se define el aislamiento funcional, como el aislamiento necesario para asegurar el funcionamiento normal de un aparato manteniendo la protección necesaria y fundamental contra los contactos directos.

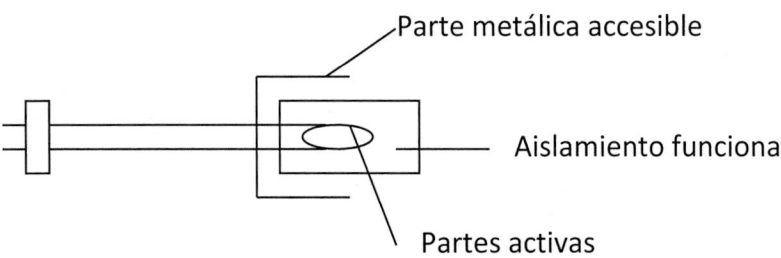

- Clase I

Llevan dispositivos que permiten unir las partes metálicas accesibles a un conductor de protección. Su aislamiento corresponde, al menos, a un aislamiento funcional.

Cuando la alimentación al aparato se realice por medio de un conductor flexible, este incluye el conductor de protección, y su clavija para toma de corriente dispone de contacto para este último conductor.

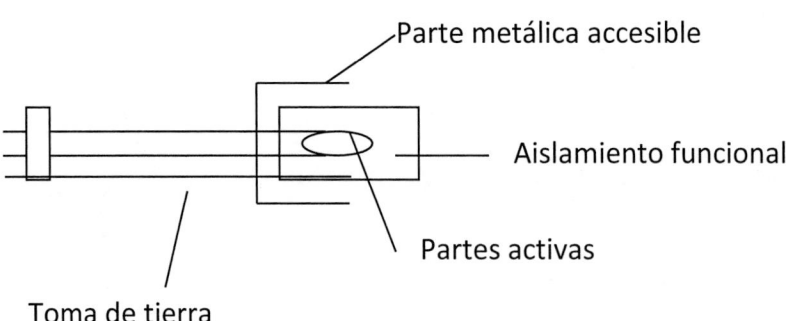

Otra posibilidad es que lleven bornes para puesta a tierra de sus partes metálicas accesibles.

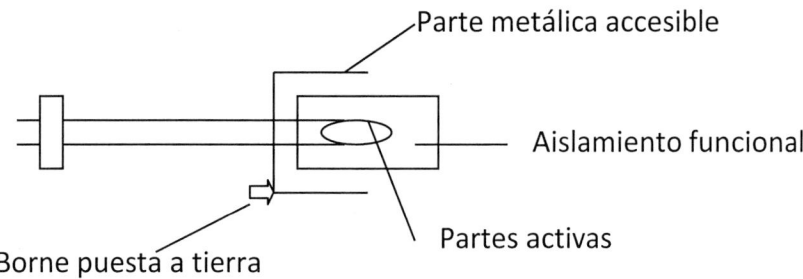

- Doble aislamiento - Clase II

No llevan dispositivos que permitan unir sus partes metálicas accesibles a un conductor de protección. Su aislamiento corresponde, en todas sus partes, a un doble aislamiento o a un aislamiento reforzado.

Los receptores clase II llevarán el siguiente símbolo
Situado junto a las indicaciones de sus características.

- Clase III

Previstos para ser alimentados única y exclusivamente con baja tensión de seguridad (MBTS). No existe ningún circuito interno ni externo a tensiones superiores a las indicadas. Normalmente se utiliza en su alimentación los denominados transformadores de separación de circuitos.

ANEJO B: RÉGIMEN DE NEUTRO DE LA RED

Los esquemas de distribución se establecen en función de las conexiones a tierra de la red de distribución o de alimentación, por un lado, y de las masas de las instalación receptora, por otro.

La denominación se realiza con un código de letras con el significado siguiente:

Primera letra: Se refiere a la situación de la alimentación con respecto a tierra.

T = Conexión directa de un punto de la alimentación a tierra.
I = Aislamiento de todas las partes activas de la alimentación con respecto a tierra o conexión de un punto a tierra a través de una impedancia.

Segunda letra: Se refiere a la situación de las masas de la instalación receptora con respecto a tierra.

T = Masas conectadas directamente a tierra, independientemente de la eventual puesta a tierra de la alimentación.
N = Masas conectadas directamente al punto de alimentación puesto a tierra (en corriente alterna, este punto es normalmente el punto neutro).

Otras letras eventuales: Se refieren a la situación relativa del conductor neutro y del conductor de protección.

S = Las funciones de neutro y de protección, aseguradas por conductores separados.
C = Las funciones de neutro y de protección, combinadas en un solo conductor (conductor CPN).

Siendo los diferentes esquemas que nos podemos encontrar los que siguen:

- " TT " : Masas con puesta a tierra distinta de la puesta a tierra del neutro de la red.

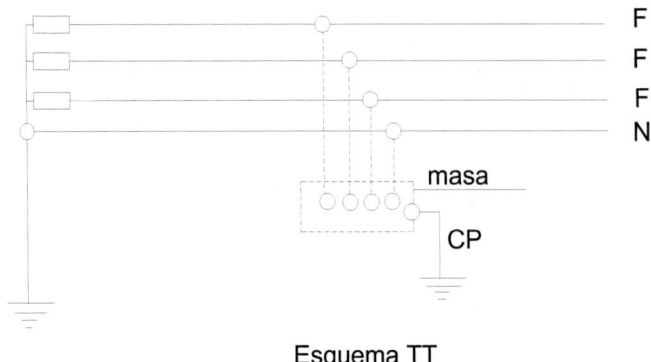

Esquema TT

-" TN-S " : Masas unidas al conductor de neutro de la red y este a su vez puesto a tierra.

En el que el conductor neutro y el de protección son distintos en todo el esquema.

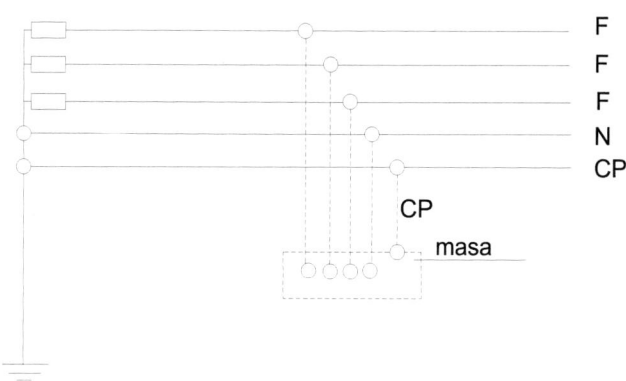

Esquema TN-S

- " TN-C " :

En el que las funciones de neutro y protección están combinadas en un solo conductor en todo el esquema

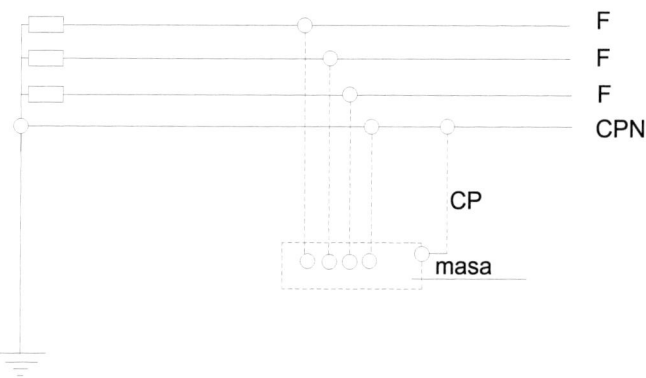

Esquema TN-C

- " TN-C-S ":

En el que las funciones de neutro y protección están combinadas en un solo conductor en una parte del esquema

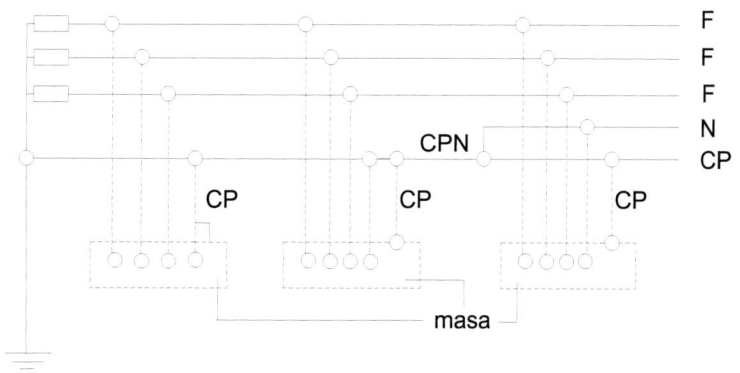

Esquema TN-C-S

- " IT " : **Masas con puesta a tierra y neutro no unido a tierra o bien, si lo hace, es a través de una impedancia.**

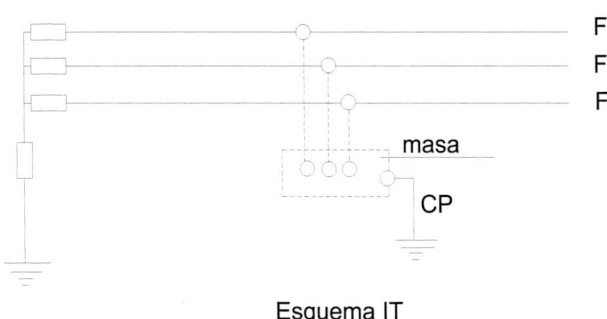

F

F

F

masa

CP

Esquema IT

En este tipo de esquema se recomienda no distribuir el neutro.

Aplicación de los tres tipos de esquemas

La elección de uno de los tres tipos de esquemas debe hacerse en función de las características técnicas y económicas de cada instalación. Sin embargo, hay que tener en cuenta los siguientes principios:

a) Las redes de distribución pública de baja tensión tienen un punto puesto directamente a tierra por prescripción reglamentaria. Este punto es el punto neutro de la red.
   El esquema posible para instalaciones receptoras alimentadas directamente de una red de distribución pública de baja tensión será el esquema TT.

b) En instalaciones alimentadas en baja tensión, a partir de un centro de transformación de abonado, se podrá elegir cualquiera de los tres esquemas citados.

c) No obstante lo dicho en a), puede establecerse un esquema IT en parte o partes de una instalación alimentada directamente de una red de distribución pública mediante el uso de transformadores adecuados en cuyo secundario y en la parte de la instalación afectada se establezcan las disposiciones que para tal esquema se citan en esquema IT.

ANEJO C: RD 614/2001

REAL DECRETO 614/2001, de 8 de junio, sobre disposiciones mínimas para la protección de la salud y seguridad de los trabajadores frente al riesgo eléctrico.

BOE núm. 148 de 21 de junio de 2001.

Exposición de motivos

Artículo 1. Objeto, ámbito de aplicación y definiciones.

Artículo 2. Obligaciones del empresario.

Artículo 3. Instalaciones eléctricas.

Artículo 4. Técnicas y procedimientos de trabajo.

Artículo 5. Formación e información de los trabajadores.

Artículo 6. Consulta y participación de los trabajadores.

Disposición derogatoria única. Derogación normativa.

Disposición final primera. Guía técnica.

Disposición final segunda. Facultad de desarrollo.

ANEXO I. Definiciones

ANEXO II. Trabajos sin tensión

ANEXO III. Trabajos en tensión

ANEXO IV. Maniobras, mediciones, ensayos y verificaciones

ANEXO V. Trabajos en proximidad

ANEXO VI. Trabajos en emplazamientos con riesgo de incendio o explosión. Electricidad estática

B - INSTALACIONES ELÉCTRICAS PROVISIONALES DE OBRA.

ÍNDICE

1.- OBJETIVOS

- Proporcionar puntos de conexión tanto a la maquinaria fija o móvil, como a las herramientas eléctricas portátiles.

- Posibilitar la iluminación artificial.

2.- LEGISLACIÓN APLICABLE

Además de la legislación indicada en la Parte A de forma general para el riesgo eléctrico, se ha de tener en cuenta de forma específica:

* De origen laboral:

- RD 1627/97:
  Anexo IV, Parte A, punto 3
  Anexo IV, Parte C, punto 10.
- **VII Convenio General del Sector de la Construcción**[4]: Capítulo VII, Sección 1ª Instalaciones eléctricas, art. 227 y 228.

* De origen no laboral:

- RD 842/2002 - Reglamento Electrotécnico para Baja Tensión.
  ITC-BT-33, con carácter general.
  ITC-BT-24, en los locales de servicios de las obras (oficinas, vestuarios, salas de reunión, etc.)

3.- FUENTES DE ALIMENTACIÓN

- Directamente a través de la red de suministro en B.T.

En este caso, el régimen de neutro nos viene impuesto por el distribuidor, siendo en España el de " TT ".

- A través de un Centro de Transformación, conectado a la red de A.T.

En este caso, se elegirá el régimen de neutro que más nos interese.

- A través de una fuente autónoma de energía, como los grupos electrógenos.

Las medidas de protección en este caso, se determinarán en función del tipo de conexión del neutro del alternador (IT, TT, TN), .

En todo lo que sigue y por ser lo más general, consideraremos un régimen de neutro "TT".

---

[4] Resolución de 6 de septiembre de 2023, de la Dirección General de Trabajo, por la que se registra y publica el VII Convenio colectivo general del sector de la construcción

4.- PUESTA A TIERRA

OBJETO

Las puestas a tierra se establecen principalmente con objeto de limitar la tensión que, con respecto a tierra, puedan presentar en un momento dado las masas metálicas, asegurar la actuación de las protecciones y eliminar o disminuir el riesgo que supone una avería en los materiales eléctricos utilizados.

PUESTA O CONEXIÓN A TIERRA. DEFINICIÓN

La puesta o conexión a tierra es la unión eléctrica directa, sin fusibles ni protección alguna, de una parte del circuito eléctrico o de una parte conductora no perteneciente al mismo mediante una toma de tierra con un electrodo o grupos de electrodos enterrados en el suelo.

Mediante la instalación de puesta a tierra se deberá conseguir que el conjunto de instalaciones, edificios y superficie próxima del terreno no aparezcan diferencias de potencial peligrosas y que, al mismo tiempo, permita el paso a tierra de las corrientes de defecto o las de descarga de origen atmosférico.

UNIONES A TIERRA

Las disposiciones de puesta a tierra pueden ser utilizadas a la vez o separadamente, por razones funcionales, según las prescripciones de la instalación.

La elección e instalación de los materiales que aseguren la puesta a tierra deben ser tales que:

- El valor de la resistencia de puesta a tierra esté conforme con las normas de protección y funcionamiento de la instalación y se mantenga de esta manera a lo largo del tiempo, teniendo en cuenta los requisitos generales indicados en la ITC-BT-24 y los requisitos particulares de las Instrucciones Técnicas aplicables a cada instalación.
- Las corrientes de defecto a tierra y las corrientes de fuga pueden circular sin peligro, particularmente desde el punto de vista de solicitaciones térmicas, mecánicas y eléctricas.
- La solidez o la protección mecánica quede asegurada con independencia de las condiciones estimadas de influencias externas.
- Contemplen los posibles riesgos debidos a electrólisis que pudieran afectar a otras partes metálicas.

En la figura 1 se indican las partes típicas de una instalación de puesta a tierra:

Figura 1. Representación esquemática de un circuito de puesta a tierra

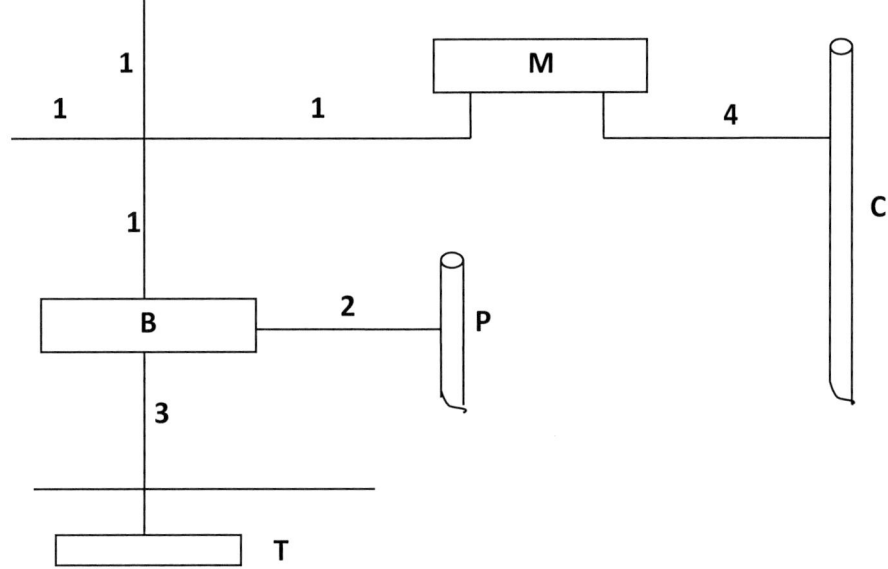

Leyenda

1. Conductor de protección.
2. Conductor de unión equipotencial principal
3. Conductor de tierra o línea de enlace con el electrodo de puesta a tierra.
4. Conductor de equipotencialidad suplementaria.
B Borne principal de tierra o punto de puesta a tierra.
M Masa.
C Elemento conductor.
P Canalización metálica principal de agua.
T Toma de tierra.

Tomas de tierra

Para la toma de tierra se pueden utilizar electrodos formados por:

- Barras, tubos;
- Pletinas, conductores desnudos;
- Placas;
- Anillos o mallas metálicas constituidos por elementos anteriores o sus combinaciones;
- Armaduras de hormigón enterradas; con excepción de las armaduras pretensadas;
- Otras estructuras enterradas que se demuestre que son apropiadas.

Los conductores de cobre utilizados como electrodos serán de construcción y resistencia eléctrica según la clase 2 de la norma UNE-EN 60228:2005.

El tipo y la profundidad de enterramiento de las tomas de tierra deben ser tales que la posible pérdida de humedad del suelo, la presencia del hielo u otros efectos climáticos, no aumenten la resistencia de la toma de tierra por encima del valor previsto. La profundidad nunca será inferior a 0,50 m.

Los materiales utilizados y la realización de las tomas de tierra deben ser tales que no se vea afectada la resistencia mecánica y eléctrica por efecto de la corrosión de forma que comprometa las características del diseño de la instalación.

Las canalizaciones metálicas de otros servicios (agua, líquidos o gases inflamables, calefacción central, etc.) no deben ser utilizadas como tomas de tierra por razones de seguridad.

Las envolventes de plomo y otras envolventes de cables que no sean susceptibles de deterioro debido a una corrosión excesiva, pueden ser utilizadas como toma de tierra, previa autorización del propietario, tomando las precauciones debidas para que el usuario de la instalación eléctrica sea advertido de los cambios del cable que podría afectar a sus características de puesta a tierra.

Conductores de tierra

La sección de los conductores de tierra tiene que satisfacer las prescripciones que se indican posteriormente y, cuando estén enterrados, deberán estar de acuerdo con los valores de la tabla 1. la sección no será inferior a la mínima exigida para los conductores de protección.

Tabla 1. Secciones mínimas convencionales de los conductores de tierra

TIPO	Protegido mecánicamente	No protegido mecánicamente
Protegido contra la corrosión*	Según apartado de *Conductores de protección*	16 mm² Cobre 16 mm² Acero Galvanizado
No protegido contra la corrosión	25 mm² Cobre 50 mm² Hierro	
* La protección contra la corrosión puede obtenerse mediante la envolvente		

Durante la ejecución de las uniones entre conductores de tierra y electrodos de tierra debe extremarse el cuidado para que resulten eléctricamente correctas.

Debe cuidarse, en especial, que las conexiones, no dañen ni a los conductores ni a los electrodos de tierra.

Bornes de puesta a tierra

En toda instalación de puesta a tierra debe preverse un borne principal de tierra, al cual deben unirse los conductores siguientes:

- Los conductores de tierra,
- Los conductores de protección.
- Los conductores de unión equipotencial principal.
- Los conductores de puesta a tierra funcional, si son necesarios.

Debe preverse sobre los conductores de tierra y en lugar accesible, un dispositivo que permita medir la resistencia de la toma de tierra correspondiente. Este dispositivo puede estar combinado con el borne principal de tierra, debe ser desmontable necesariamente por medio de un útil, tiene que ser mecánicamente seguro y debe asegurar la continuidad eléctrica.

Conductores de protección

Los conductores de protección sirven para unir eléctricamente las masas de una instalación a ciertos elementos con el fin de asegurar la protección contra contactos indirectos.

En el circuito de conexión a tierra, los conductores de protección unirán las masas al conductor de tierra.

En otros casos reciben igualmente el nombre de conductores de protección, aquellos conductores que unen las masas:

- Al neutro de la red.
- A un relé de protección.

La sección de los conductores de protección será la indicada en la tabla siguiente, o se obtendrá por cálculo conforme a lo indicado en la UNE-HD 60364-5-54:2015 apartado 543.1.1.

Relación entre las secciones de los conductores de protección y los de fase

Sección de los conductores de fase de la instalación S (mm²)	Sección mínima de los conductores de los conductores de protección S_p (mm²)
$S \leq 16$	$S_p = S$
$16 < S \leq 35$	$S_p = 16$
$S > 35$	$S_p = S/2$

Si la aplicación de la tabla conduce a varios valores no normalizados, se han de utilizar conductores que tengan la sección normalizada superior más próxima.

Los valores de la tabla anterior sólo son válidos en el caso de que los conductores de protección hayan sido fabricados del mismo material que los conductores activos; de no ser así, las secciones de los conductores de protección se determinarán de forma que presenten una conductividad equivalente a la que resulta aplicando dicha tabla.

En todos los casos los conductores de protección que no forman parte de la canalización de alimentación serán de cobre con una sección, al menos de:
- 2,5 mm², si los conductores de protección disponen de una protección mecánica.
- 4 mm², si los conductores de protección no disponen de una protección mecánica.

Cuando el conductor de protección sea común a varios circuitos, la sección de ese conductor debe dimensionarse en función de la mayor sección de los conductores de fase.

Como conductores de protección pueden utilizarse:

- Conductores en los cables multiconductores, o
- Conductores aislados o desnudos que posean una envolvente común con los conductores activos, o
- Conductores separados desnudos o aislados.

Cuando la instalación consta de partes de envolventes de conjuntos montadas en fábrica o de canalizaciones prefabricadas con envolvente metálica, estas envolventes pueden ser utilizadas como conductores de protección si satisfacen, simultáneamente, las tres condiciones siguientes:

a) Su continuidad eléctrica debe ser tal que no resulte afectada por deterioros mecánicos, químicos o electroquímicos.

b) Su conductibilidad debe ser, como mínimo, igual a la que resulta por la aplicación del presente apartado.

c) Deben permitir la conexión de otros conductores de protección en toda derivación predeterminada.

La cubierta exterior de los cables con aislamiento mineral, puede utilizarse como conductor de protección de los circuitos correspondientes, si satisfacen simultáneamente las condiciones a) y b) anteriores. Otros conductos (agua, gas u otros tipos) o estructuras metálicas, no pueden utilizarse como conductores de protección (CP ó CPN).

Los conductores de protección deben estar convenientemente protegidos contra deterioros mecánicos, químicos y electroquímicos y contra los esfuerzos electrodinámicos.

Las conexiones deben ser accesibles para la verificación y ensayos, excepto en el caso de las efectuadas en cajas selladas con material de relleno o en cajas no desmontables con juntas estancas.

Ningún aparato deberá ser intercalado en el conductor de protección, aunque para los ensayos podrán utilizarse conexiones desmontables mediante útiles adecuados.

Las masas de los equipos a unir con los conductores de protección no deben ser conectadas en serie en un circuito de protección, con excepción de las envolventes montadas en fábrica o canalizaciones prefabricadas mencionadas anteriormente.

RESISTENCIA DE LAS TOMAS DE TIERRA

El electrodo se dimensionará de forma que su resistencia de tierra, en cualquier circunstancia previsible, no sea superior al valor especificado para ella, en cada caso.

Este valor de resistencia de tierra será tal que cualquier masa no pueda dar lugar a tensiones de contacto superiores a:

- 24 V en local o emplazamiento conductor.
- 50 V en los demás casos.

Si las condiciones de la instalación son tales que pueden dar lugar a tensiones de contacto superiores a los valores señalados anteriormente, se asegurará la rápida eliminación de la falta mediante dispositivos de corte adecuados a la corriente de servicio.

La resistencia de un electrodo depende de sus dimensiones, de su forma y de la resistividad del terreno en el que se establece. Esta resistividad varía frecuentemente de un punto a otro del terreno, y varía también con la profundidad.

4.1.- Grupos electrógenos.

Las configuraciones más habituales de las tomas de tierra con que deben ir equipados los grupos electrógenos, en función del sistema de conexión del neutro del alternador, son:

- Sistema TT: Habrá una toma de tierra para el neutro y otra toma de tierra independiente para el conductor de protección de la instalación eléctrica.

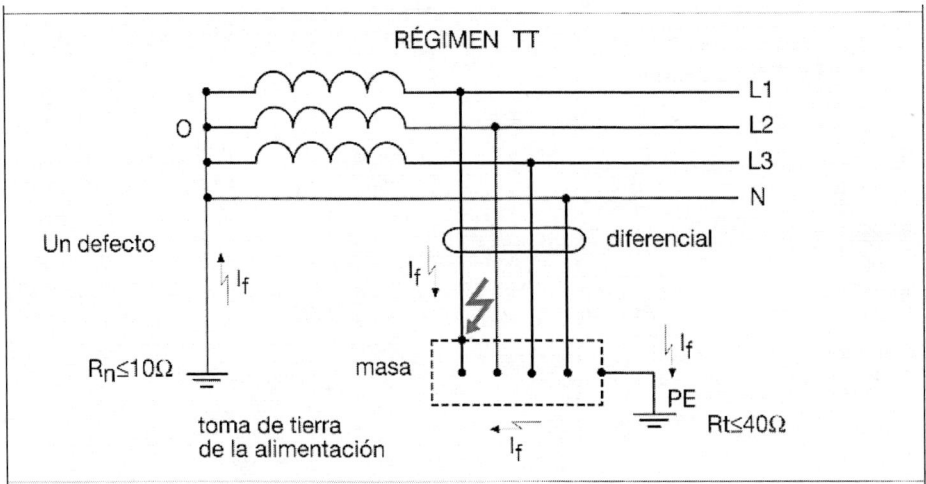

- Sistema TNS: Habrá una sola toma de tierra a la que irán conectadas las masas y el neutro de la instalación.

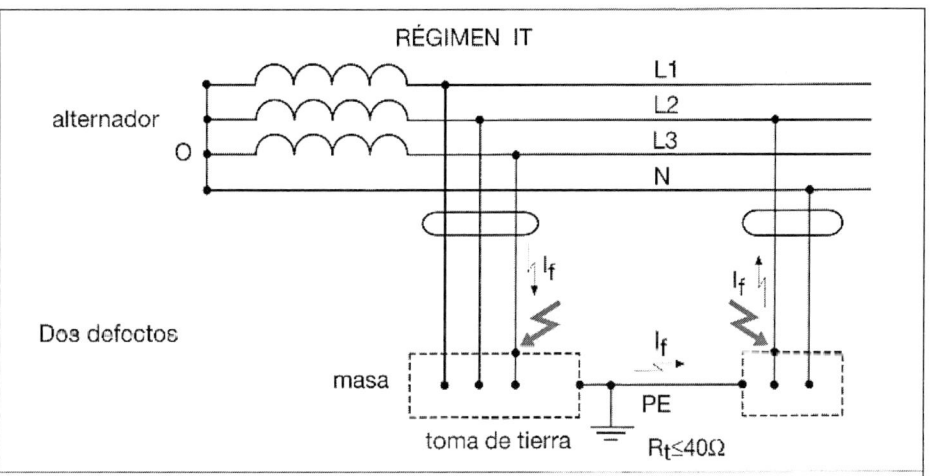

- Sistema IT: Habrá una toma de tierra a la que se conectarán las masas. El neutro estará aislado.

5.- INTERRUPTORES DIFERENCIALES

Como ya dijimos en A-7.1.2., el interruptor diferencial constituye una protección sensible a las corrientes de defecto a tierra.

El diferencial provocará la apertura automática del circuito tan pronto la corriente de defecto supere la sensibilidad del aparato.

El valor de la corriente diferencial (corriente o intensidad de defecto) se designa convencionalmente por el símbolo $I_{\Delta n}$. Estos dispositivos están igualmente caracterizados por la intensidad nominal I_n.

Todas las masas protegidas por un mismo dispositivo de protección diferencial deben estar unidas a la misma toma de tierra.

5.1.- Elección de la sensibilidad de un diferencial ID

De acuerdo con la ITC-BT-33, la sensibilidad del diferencial garantizará que la tensión límite convencional no supere los 24 V de valor eficaz en corriente alterna o 60 V en corriente continua, lo que supone los siguientes valores admisibles de toma de tierra:

Sensibilidad del Interruptor Diferencial A	Valor máximo admisible para la resistencia de la tierra de protección Ω
0.03	800
0.3	80

5.2.- Conexión

La conexión del interruptor diferencial se efectuará conectando todos los conductores activos (fases y neutro) de la instalación, a las bornas respectivas de entrada y salida: nunca se conectará el conductor de protección a tierra.

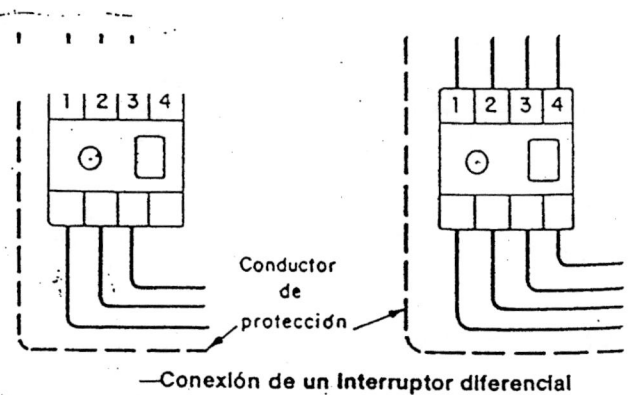

—Conexión de un Interruptor diferencial

Ensayo de funcionamiento

. ... verificar el correcto funcionamiento del interruptor diferencial, éste lleva un botón de prueba que sirve para cerrar un circuito auxiliar, interno en el aparato, que simula un corriente derivada a tierra en la instalación.

Pulsando este botón, el interruptor debe desconectar inmediatamente la instalación. El color del botón, no debe ser ni rojo ni verde, se aconsejan colores claros.

5.4.- Protección del interruptor diferencial

El diferencial deberá protegerse contra sobreintensidades de acuerdo con las indicaciones del fabricante.

En caso de no conocerse dichas indicaciones, pueden emplearse cortacircuitos fusibles de la misma intensidad nominal que la del diferencial o pequeños interruptores automáticos con bobina magnética de desconexión, cuya intensidad nominal sea inferior en un 30 %, aproximadamente, a la del diferencial.

5.5.- Selectividad

Cuando se utilizan varios dispositivos diferenciales para obtener una correcta utilización de la instalación, es necesario asegurar una buena selectividad.

La selectividad es la propiedad de una instalación en la cual una corriente de defecto no provoca el funcionamiento más que del primer aparato situado aguas arriba de la parte en defecto. Se evita de este modo la puesta en fuera de servicio de toda la instalación.

- Selectividad horizontal

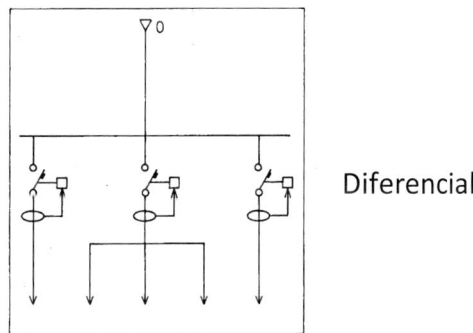

Diferencial

- Selectividad vertical

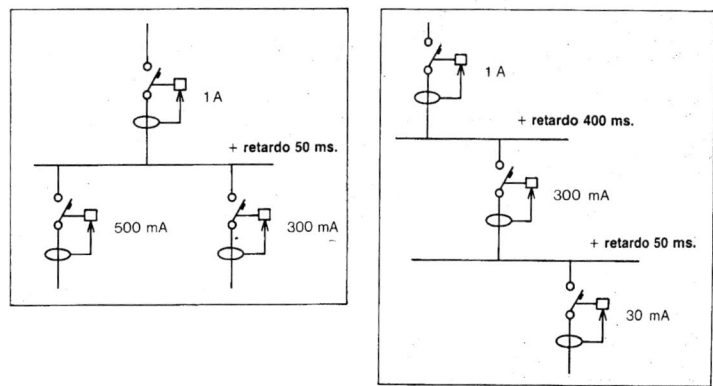

Nota: En todos los casos la resistencia de la toma de tierra de las masas debe ser la apropiada al interruptor diferencial de intensidad de defecto más elevada, que en la práctica resulta ser el que está instalado al principio de la instalación.

6.- PROTECCIÓN CONTRA SOBREINTENSIDADES

Cada circuito de utilización, debe estar protegido contra sobreintensidades que puedan presentarse en el mismo, al objeto de prevenir daños a la instalación y a los receptores, a la vez que para disminuir el riesgo de incendio, para lo cual la interrupción de este circuito se realizará en un tiempo conveniente o estará dimensionado para las sobreintensidades previsibles.

Las sobreintensidades pueden estar motivadas por:
- Sobrecargas debidas a los aparatos de utilización o defectos de aislamiento de gran impedancia.
- Cortocircuitos.
- Descargas eléctricas atmosféricas.

Siendo las protecciones:
- Contra sobrecargas:
  El límite de intensidad de corriente admisible en un conductor ha de quedar, en todo caso, garantizado por el dispositivo de protección utilizado.
  El dispositivo de protección podrá estar constituido por un interruptor automático de corte omnipolar (interruptor que abre todos los circuitos activos – fases y neutro) con curva térmica de corte, o por cortacircuitos fusibles calibrados de características de funcionamiento adecuadas.
- Contra cortacircuitos:
  En el origen de todo circuito se establecerá un dispositivo de protección contra cortacircuitos cuya capacidad de corte estará de acuerdo con la intensidad de cortacircuito que pueda presentarse en el punto de su conexión. Se admite, no obstante, que cuando se trate de circuitos derivados de uno principal, cada uno de estos circuitos derivados disponga de protección contra sobrecargas, mientras que un solo dispositivo general pueda asegurar la protección contra cortacircuitos para todos los circuitos derivados.
  Se admiten como dispositivos de protección contra corta circuitos lo fusibles calibrados de características adecuadas y los interruptores automáticos con sistema de corte omnipolar.

7.- CONJUNTOS DE APARAMENTA DE BAJA TENSIÓN PARA OBRAS (CO)

Se entiendo por conjunto de aparamenta de baja tensión para obras (CO): la combinación de uno o varios dispositivos de transformación o aparatos de conexión de baja tensión con equipos asociados de control (maniobra), medida, señalización, protección y regulación contemplados con todas sus conexiones y elementos estructurales internos eléctricos y mecánicos, diseñada y construida para utilizarse en ogras, tanto en interior como en exterior.

El objetivo de estos conjuntos o armarios es la de obtener una buena seguridad de la instalación así como su mejor utilización.

Los armarios cumplirán las especificaciones que se indican en la UNE-EN 61439-4:2013, destacándose las siguientes:

- Deberá haber sido sometido a un procedimiento de evaluación de la conformidad, con la expedición de la Declaración CE de Conformidad y debiendo tener colocado el marcado "CE" de forma visible, fácilmente legible e indeleble o, en su defecto, en el embalaje, las instrucciones de uso o garantía.

- Cada cuadro irá equipado con una o varias placa de características marcadas de forma duradera y colocadas en un lugar que les permita ser visibles y legibles cuando el Conjunto está instalado, en la que se indique lo siguiente:

Obligatorio	Nombre o marca del fabricante del CO (La empresa que garantiza el conjunto final se considera como el fabricante del CO)[1]
	Designación de tipo o número de identificación o cualquier otro medio de identificación que permita obtener datos relevantes del fabricante.
	Indicación de la Norma IEC 61439-4
	Naturaleza de la corriente (y la frecuencia en caso de corriente alterna)
	Tensiones asignadas de empleo
	Corriente asignada del CO
	Grado de protección
Opcionales [2]	La tensión de aislamiento asignada y la tensión asignada soportada a impulso, cuando la declara el fabricante
	Resistencia a los cortocircuitos
	Condiciones de empleo para un uso especial, en caso de que difieran de las condiciones usuales
	Clase/s de puesta/s a tierra de la red para las que el CO está diseñado
	Dimensiones
	Peso
	Forma de separación interna
	Clases de conexiones eléctricas de unidades funcionales
	Resistencia a la corrosión en el caso de que difieran de las condiciones normales de servicio
	Función o funciones

[1] Si el nombre o la marca del fabricante aparecen en el CO, no es necesario indicarlo en la placa de características.

[2] Esta información puede encontrarse en las placas de características, en documentos apropiados, en los esquemas de circuito o en los catálogos del fabricante. Sin embargo, si el peso de la unidad es superior a 30 kg, éste debe indicarse en la placa de características.

- El conjunto ha de ser cerrado en todas sus caras.

- La paramenta interior debe estar protegida por puertas de cierre con llave, con el fin de que el interior sólo sea accesible al instalador o persona competente responsable. Sólo pueden ser accesibles los zócalos de las tomas de corriente, las manecillas y los botones de mando.
- El conjunto ha de asegurar un grado mínimo de protección IP 45 IK 09.
- La corriente asignada a las tomas no debe ser inferior a 16 A.
- Igualmente se acompañarán instrucciones para la instalación, el funcionamiento y el mantenimiento.

Si el armario está cerrado con llave o similar, tiene que haber un seccionador exterior. Si el armario es del tipo abierto, todas las partes bajo tensión deben quedar protegidas.

Si el material es conductor llevará la consiguiente conexión a tierra, poniendo especial atención a las puertas que irán conectadas a la tierra del armario mediante conductor flexible de continuidad. Si el material es aislante llevará el signo de doble aislamiento.

Los conjuntos de obra irán equipados con un paro de emergencia (seta) de acuerdo con las prescripciones de la UNE-HD 60364-7-704:2018.

"Deben preverse medios de corte de emergencia de la alimentación de todos los aparatos que utilicen corriente para los que puede ser necesario desconectar todos los conductores activos para suprimir un peligro."

8.- CABLES

Juegan un papel importante en la instalación, aseguran la unión entre los diferentes elementos de la instalación y se encuentran sometidos a todo tipo de solicitaciones mecánicas: flexión, tracción, rozamientos, etc.

Los cables a emplear en acometidas e instalaciones exteriores serán de tensión asignada mínima 450/750 V, con cubierta de policloropreno o similar, según UNE 21027 o UNE 21150 y aptos para servicios móviles.

Para instalaciones interiores los cables serán de tensión asignada mínima de 300/500 V, según UNE 21027 o UNE 21031, y aptos para servicios móviles.

Los cables estarán protegidos en los lugares de paso, bien por enterramiento, por protecciones adicionales o por fijación mecánica a postes o paredes. Los mecanismos de fijación no dañarán el aislamiento exterior. Se dispondrán de manera que ningún esfuerzo de tracción se ejerza sobre las conexiones de los conductores.

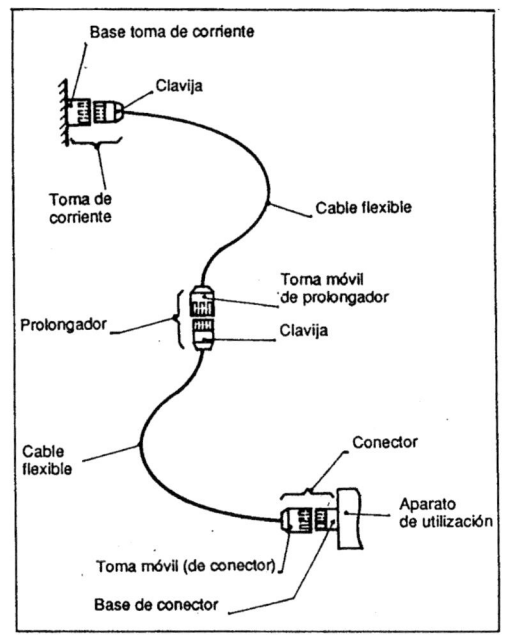

Base toma de corriente
Clavija
Toma de corriente
Cable flexible
Toma móvil de prolongador
Prolongador
Clavija
Cable flexible
Conector
Aparato de utilización
Toma móvil (de conector)
Base de conector

9.- TOMAS DE CORRIENTE

Las tomas de corriente son los elementos destinados a conectar eléctricamente un conductor o cable flexible a un aparato eléctrico.

Se componen de dos partes:
- Una toma móvil, que es la parte que forma cuerpo con el conductor flexible de alimentación.
- Una base, que es la parte incorporada o fijada al aparato de utilización.

(Fuente: NTP 267 del INSHT)

Las tomas de corriente se instalarán protegidas frente a cortocircuitos y sobrecargas. Se situarán después de un interruptor de corte que permita dejarlas sin tensión, para su conexión y desconexión.

Todas las tomas de corriente deberán llevar un borne de tierra, salvo las tomas preparadas para transformadores de seguridad.

Se aconseja igualmente, para evitar la apertura y cierre en carga, utilizar tomas de corriente que posean un bloqueador mecánico o eléctrico asociado a un dispositivo de corte.

Cada base o grupo de bases de toma de corriente deben estar protegidas por dispositivos diferenciales de corriente diferencial residual asignada igual como máximo a 30 mA o bien alimentadas a Muy Baja Tensión de Seguridad o bien protegidas por separación eléctrica de los circuitos mediante un transformador individual.

A continuación nos referiremos a las denominadas tomas de corriente industrial de 16 A. hasta 125 A. y tensión nominal no superior a 750 V.:

Colores normalizados:

A la frecuencia de 50-60 Hz., se han normalizado, según la tensión que alimentan, los siguientes colores.

COLOR	TENSIÓN
VIOLETA	24
BLANCO	42
AMARILLO	110
AZUL	230
ROJO	400

Asimismo se ha elegido el color verde para frecuencias mayores de 50-60 Hz., un ejemplo de ello es las que figuran en los vibradores de hormigón accionados por convertidores de frecuencia.

Instalación de las tomas de corriente

La correcta conexión de los tomas de corriente es de suma importancia, ya que se han producido accidentes mortales por electrocución al estar equivocadamente conectados y existir espigas con tensión accesibles.

Por lo tanto no existirán partes bajo tensión en las espigas de las clavijas, de tal manera que en su conexión o desconexión o al manipularlas puedan tocarse partes activas. Por lo tanto las bases llevarán una tapa de protección de los alvéolos que incluso si se rompiera esta, el grado de protección impida que los dedos puedan llegar a tocar los elementos bajo tensión.

Enclavamiento

Un enclavamiento es un dispositivo mecánico o eléctrico que impide que una clavija pueda introducirse/extraerse de una base bajo tensión. Para tomas de corriente con tensiones de servicio iguales o superiores a 500 V., deben preverse enclavamientos.

Las tomas de corriente superiores a 32 A. con tensiones superiores a 42 V., deben tener previsto un enclavamiento eléctrico, bien utilizando para ello un contacto piloto y un mecanismo auxiliar, o porque la propia toma esté dotada del sistema de enclavamiento.

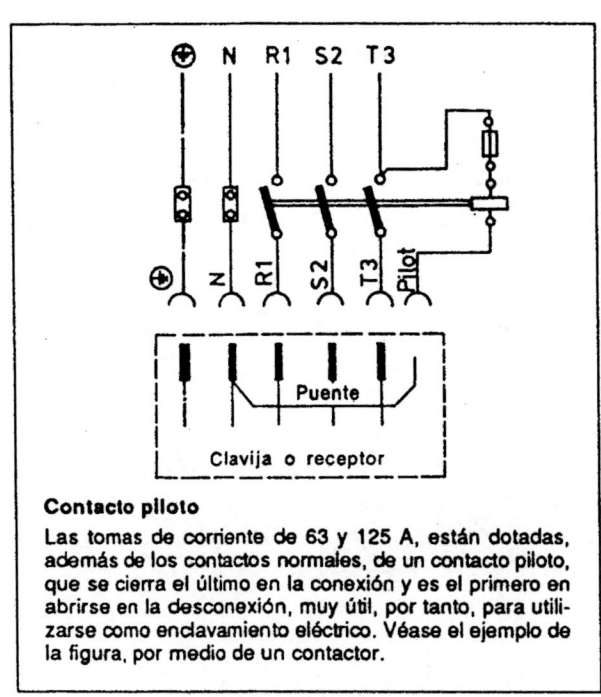

(Fuente: NTP 267 del INSHT)

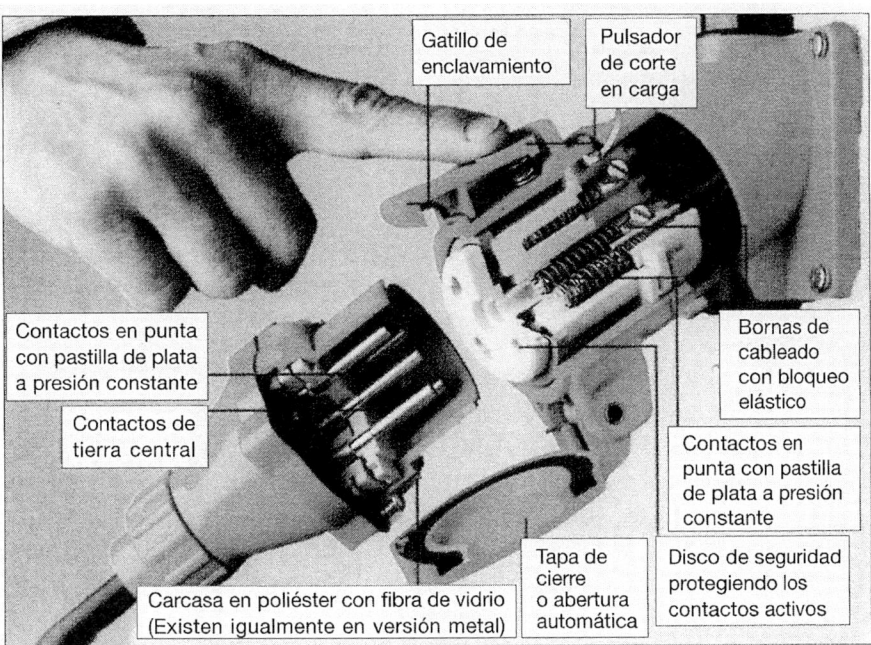

Fuente de la Imagen: "Trabajos y maniobras en instalaciones eléctricas de baja tensión" de ASEPEYO

Grado de Protección

Las tomas de corriente tendrán un grado de protección mínimo IP 45 IK 08

10.- HERRAMIENTAS PORTÁTILES

Las herramientas eléctricas portátiles son bastante peligrosas al estar en contacto íntimo con las personas, agravándose la situación, por efectuarse la mayor parte de los trabajos en emplazamientos conductores.

Las herramientas portátiles pueden pertenecer por su nivel de aislamiento a la Clase I, II o III., pero para Obras sólo podrán ser de clase II o III.

La tensión de alimentación de las herramientas eléctricas portátiles de accionamiento manual no podrá exceder de 250 V. con relación a tierra.

Las herramientas portátiles con índice de protección IP 45, podrán utilizarse en lugares expuestos a la lluvia, a las proyecciones de agua y al polvo.

El circuito de herramientas portátiles estará protegido por un diferencial de alta sensibilidad (30 mA) en locales secos y diferencial de muy alta sensibilidad (10 mA) en locales húmedos o muy conductores.

Las herramientas portátiles deberán disponer de un interruptor sometido a la presión de un resorte, que obligue al operario a mantener constantemente presionado el interruptor, en la posición de marcha.

A continuación ofrecemos unos esquemas tipo para recintos normales y para recintos muy conductores.

RECINTOS EN CONDICIONES NORMALES

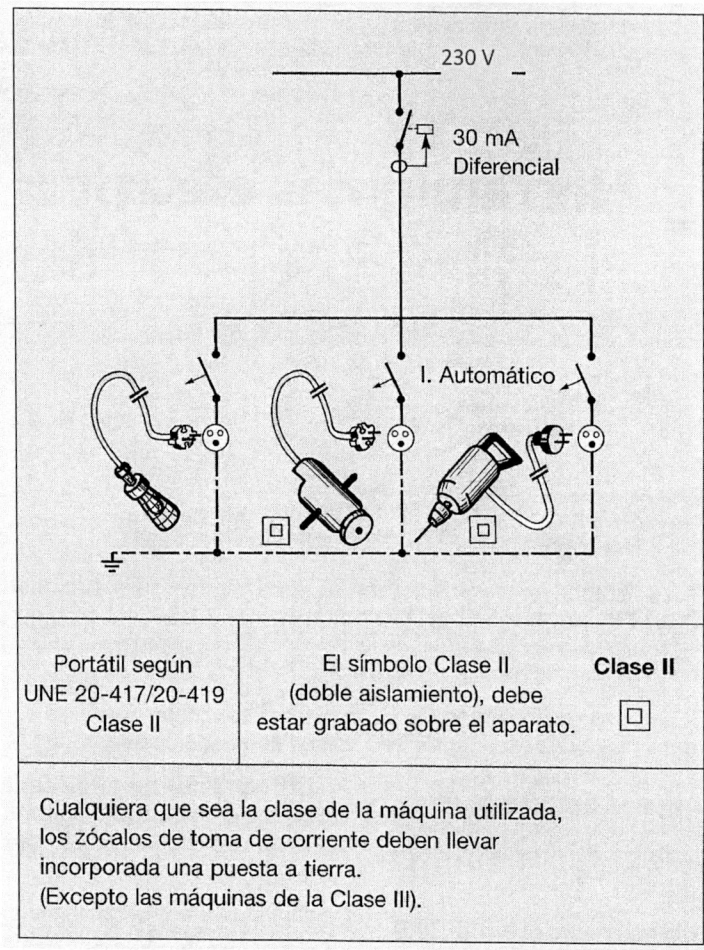

Portátil según UNE 20-417/20-419 Clase II	El símbolo Clase II (doble aislamiento), debe estar grabado sobre el aparato.	Clase II

Cualquiera que sea la clase de la máquina utilizada, los zócalos de toma de corriente deben llevar incorporada una puesta a tierra.
(Excepto las máquinas de la Clase III).

RECINTOS EN CONDICIONES MUY CONDUCTORAS

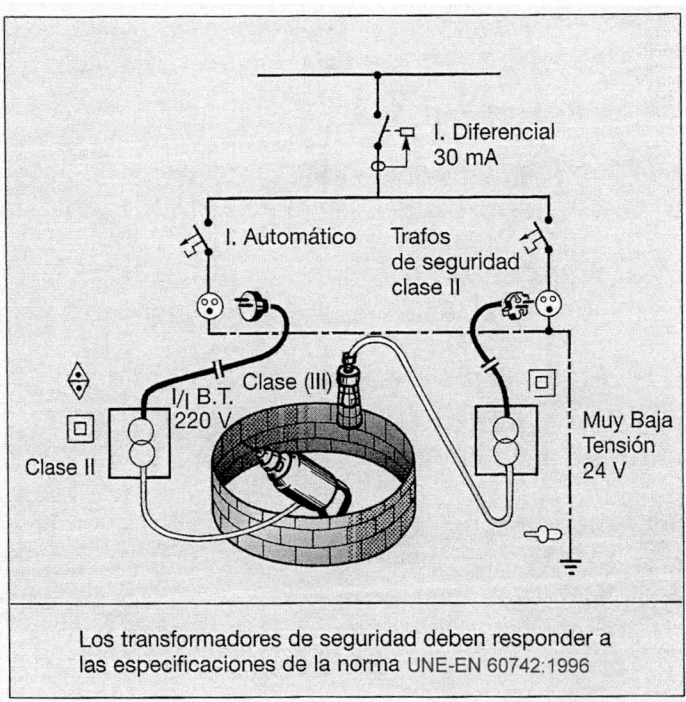

Los transformadores de seguridad deben responder a las especificaciones de la norma UNE-EN 60742:1996

Adaptación de imágenes de "Trabajos y maniobras en instalaciones eléctricas de baja tensión" de ASEPEYO

11.- ALUMBRADO

El alumbrado normal debe permitir:

- El desplazamiento de personas y cargas sin riesgo de caídas de altura o al mismo nivel, o de golpes contra objetos sean estos fijos o móviles.

- Trabajos sin fatiga visual.

- Vigilancia de obra.

11.1.- Alumbrado exterior

Las luminarias y conductores estarán situados generalmente de forma inaccesible, pudiendo entonces ser la tensión de alimentación en B.T.

11.2.- Alumbrado interior

- Luminarias y conductores inaccesibles (por encima de los 2,50 m)

Si no se utilizan medidas de protección por alimentación mediante transformadores de seguridad, las luminarias deberán poseer el índice de protección apropiado y debe asegurarse igualmente la protección mecánica de la lámpara. La instalación estará protegida por un diferencial de 30 mA. y las masas eventuales de las luminarias estarán puesta a tierra.

- Luminarias y conductores accesibles
En estos casos, se suelen utilizar guirnaldas de lámpara de incandescencia (mates de 40 W) al objeto de no provocar deslumbramiento. La alimentación se efectuará con un transformador de seguridad a muy baja tensión (24 V)

11.3.- Alumbrado funcional

Destinado a la iluminación del puesto de trabajo.

- Equipos móviles

Son aquellas que pueden desplazarse bajo tensión. Estas luminarias pueden ser alimentadas en B.T. a través de cables flexibles con la condición que posean un índice de protección compatible con el lugar de trabajo y una protección mecánica mínima de IP 45 IK 08.

La instalación estará protegida por un interruptor diferencial de 30 mA y las masas eventuales de la luminaria deberán estar conectadas a tierra. Se recomienda utilizar luminarias Clase II.

Si las condiciones de trabajo son particularmente desfavorables (zona inundable, conductividad elevada del suelo o paredes), conviene utilizar como fuente de energía un transformador de seguridad con doble aislamiento, y tensión de alimentación de 24 V mejor 12 V.

- Luminarias portátiles

Destinadas a poder ser mantenidas con la mano cuando se utilicen, podrán utilizar lámparas de incandescencia o lámparas fluorescentes tubulares.

Estas lámpara deben responder a la norma EN 60598-2-8. Tendrán un IP 45 IK 08 como mínimo. Los conductores de alimentación serán del tipo flexible (H05 RN-F), de 440 V de tensión nominal.

Cuando se utilicen en locales mojados o sobre superficies conductoras, su tensión no podrá exceder de 24 V., alimentadas mediante transformadores de separación de circuitos que se colocarán en el exterior de los lugares.

En cualquier caso serán del tipo "no desmontable".

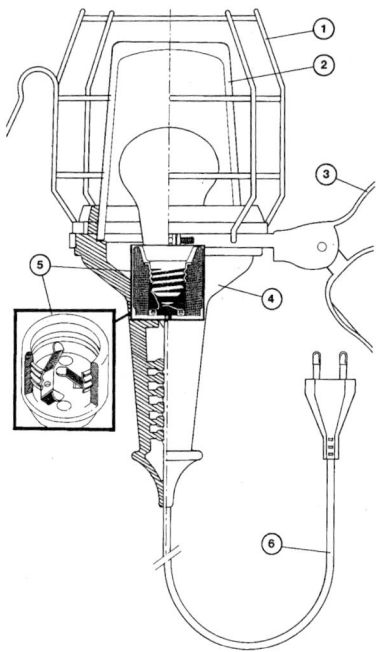

LUMINARIA PORTÁTIL PARA OBRA
(Lámpara incandescente)

1 – Rejilla de protección
2 – Envolvente translúcido de protección de la lámpara
3 – Pinza rígidamente unida a la lámpara para su fijación
4 – Empuñadura aislante
5 – Portalámpara protegido contra la rotación
6 – Cable flexible (H05 RN-F)

12.- INSTALACIONES DE SEGURIDAD

Cuando debido al posible fallo de la alimentación normal de un circuito o aparato existan riesgos para la seguridad de las personas, deberán preverse instalaciones de seguridad.

Según el tipo de obra o la reglamentación existente, el alumbrado de seguridad permitirá, en caso de fallo del alumbrado normal, la evacuación del personal y la puesta en marcha de las medidas de seguridad previstas.

Otros circuitos como los que alimenten bombas de elevación, ventiladores y elevadores o montacargas para personas, cuya continuidad de servicio sea esencial, deberán preverse de tal forma que la protección contra los contactos indirectos quede asegurada sin corte automático de la alimentación. Dichos circuitos estarán alimentados por un sistema automático con corte breve que podrá ser de uno de los siguientes tipos:
- Grupos generadores con motores térmicos, o
- Baterías de acumuladores asociadas a un rectificador o un ondulador.

13.- ESQUEMA TIPO DE UNA INSTALACIÓN ELÉCTRICA 64

La instalación eléctrica de cada obra se adaptará a sus exigencias y evolucionará a medida que avancen los trabajos.

Esta permanente evolución da a las instalaciones de obra un carácter particular, pues es frecuente los montajes y desmontajes, lo que exige la utilización de un material que permita un trabajo rápido.

Al inicio de la obra, se tendrá en cuenta la demanda de potencia máxima así como las características de la fuente de suministro.

Toda instalación debe estar convenientemente subdividida en varios circuitos a fin de limitar las consecuencias de un defecto en un sector de la misma. Esta subdivisión facilita por otra parte la búsqueda del fallo así como los trabajos de reparación.

En el esquema que sigue podemos ver una distribución tipo.

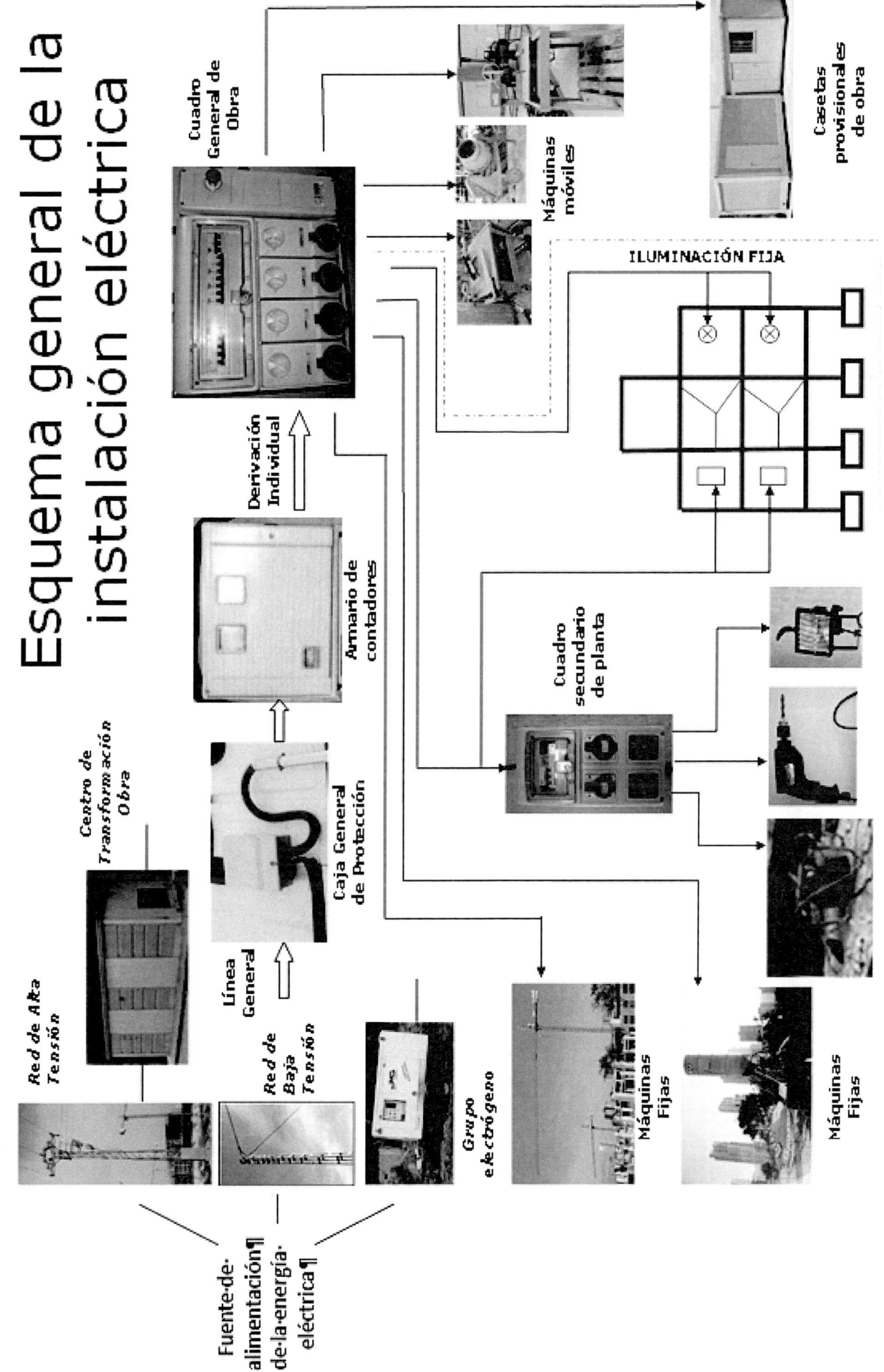

Esquema general de la instalación eléctrica

Prevención de riesgos laborales. Instalaciones eléctricas provisionales de obra.

67

C - TRABAJOS NO ELÉCTRICOS EN PRESENCIA DE LÍNEAS ELÉCTRICAS TRABAJOS EN PROXIMIDAD

ÍNDICE

1.- INTRODUCCIÓN

Entenderemos como Trabajo en proximidad: trabajo durante el cual el trabajador entra, o puede entrar, en la zona de proximidad, sin entrar en la zona de peligro, bien sea con una parte de su cuerpo, o con las herramientas, equipos, dispositivos o materiales que manipula.

La realización de estos trabajos, lleva consigo el riesgo de entrar en contacto con las partes activas de la instalación, con las inevitables consecuencias de un accidente eléctrico.

Nota: Los Trabajos en tensión, regulados por el RD 614/2001, no se tratan en estos apuntes.

2.- LEGISLACIÓN APLICABLE

Además de la legislación indicada en la Parte A de forma general para el riesgo eléctrico, se ha de tener en cuenta de forma específica:

- RD 614/2001, 8 de junio, sobre disposiciones mínimas para la protección de la salud y seguridad de los trabajadores frente al riesgo eléctrico.
 Art. 4.
 Anexo V, especialmente el apartado B.2.

3.- LÍNEAS AÉREAS CON CONDUCTORES DESNUDOS

En estos casos las interferencias podrán ser debido a maquinaria de movimiento de tierras, grúas, andamios, escaleras, etc.

El RD 614/2001 determina estas distancias límite de las zonas de trabajo:

- D_{PEL-1}=distancia hasta el límite exterior de la zona de peligro cuando exista riesgo de sobretensión por rayo (cm).
- D_{PEL-2} = distancia hasta el límite exterior de la zona de peligro cuando no exista el riesgo de sobretensión por rayo (cm).
- D_{PROX-1} =distancia hasta el límite exterior de la zona de proximidad cuando resulte posible delimitar con precisión la zona de trabajo y controlar que ésta no se sobrepasa durante la realización del mismo (cm).
- D_{PROX-2}=distancia hasta el límite exterior de la zona de proximidad cuando no resulte posible delimitar con precisión la zona de trabajo y controlar que ésta no se sobrepasa durante la realización del mismo (cm).

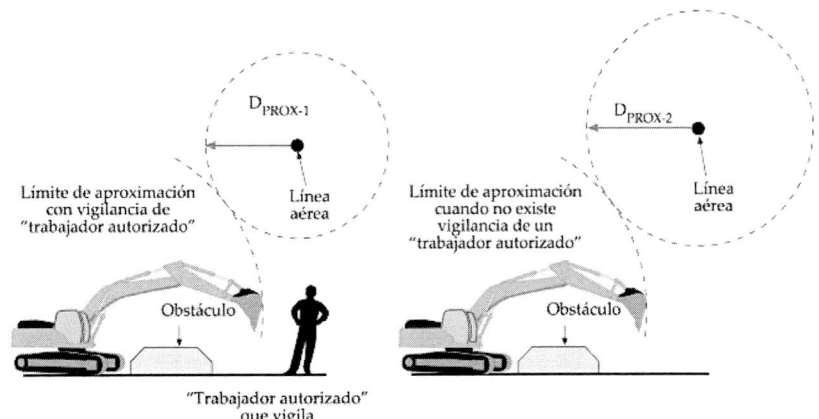

Ejemplo de medidas preventivas en trabajos en proximidad con máquinas
*según la **Guía Técnica para la evaluación y prevencion del Riesgo Eléctrico (INSHT)***

Siendo la **Zona de peligro o zona de trabajos en tensión** el espacio alrededor de los elementos en tensión en el que la presencia de un trabajador desprotegido supone un riesgo grave e inminente de que se produzca un arco eléctrico, o un contacto directo con el elemento en tensión, teniendo en cuenta los gestos o movimientos normales que puede efectuar el trabajador sin desplazarse. Donde no se interponga una barrera física que garantice la protección frente a dicho riesgo, la distancia desde el elemento en tensión al límite exterior de esta zona será la indicada en el RD.

Zona de proximidad: espacio delimitado alrededor de la zona de peligro, desde la que el trabajador puede invadir accidentalmente esta última. Donde no se interponga una barrera física que garantice la protección frente al riesgo eléctrico, la distancia desde el elemento en tensión al límite exterior de esta zona será la indicada en la tabla 1 del RD 614/2001.

Para evitar las interferencias con las líneas eléctricas aéreas se adoptarán las distancias de seguridad que se corresponden con la D_{PROX-2} según el RD 614/2001 y que son:

- 3 m. para líneas con tensiones nominales ≤ 66.000 V.
- 5 m. para líneas con tensiones nominales > 66.000 V y ≤ 220.000 V
- 7 m para líneas con tensiones nominales de 380.000 V

Para establecer estas distancias se deberá tener en cuenta los distintos movimientos de los conductores, debidos a: dilataciones, balanceos, etc.

Por ejemplo, para líneas con tensiones nominales > 66.000 V y ≤ 220.000 V:

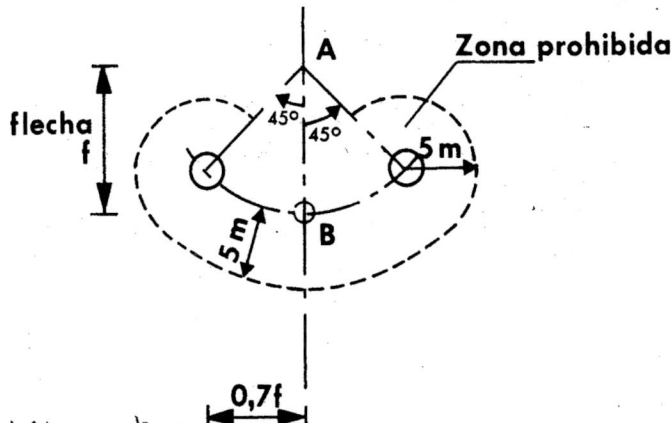

Para establecer estas distancias se tendrá que tener en cuenta el alcance máximo de los órganos móviles de los equipos de trabajo que puedan evolucionar en las proximidades de la línea.

Cuando sea necesario circular por bajo de una línea eléctrica será necesario disponer de pórticos de limitación de altura y señalización correspondiente.

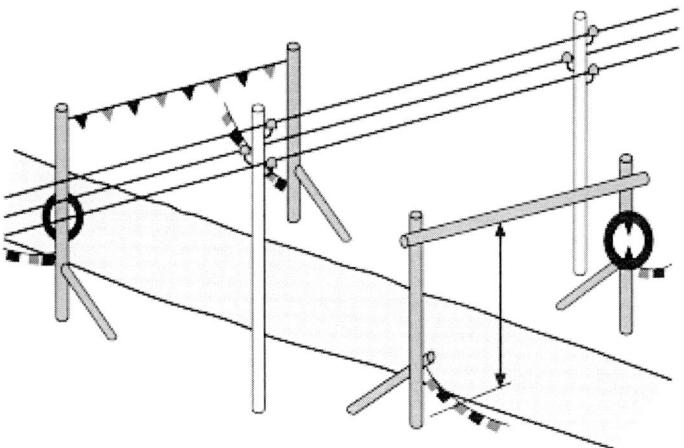

Ejemplo de sistema de protección para trabajos en proximidad de líneas aéreas según la Guía Técnica para la evaluación y prevencion del Riesgo Eléctrico (INSHT)

Se recomienda poner dos pórticos (en vez de un pórtico y una guirnalda de señalización) teniendo en cuenta la posibilidad de circulación de vehículos en los dos sentidos.

Para una mejor comprensión de todo lo dicho, consultar la NTP-72.

Cuando no sea posible garantizar esta distancia de seguridad, se recurrirá al descargo de la línea (poner fuera de tensión), y, si ello no fuera posible, se consultará con la empresa suministradora al objeto de determinar la mejor solución, que siempre deberá contar con su aprobación (la de la empresa suministradora).

Por otro lado, conviene recordar que, según el art. 162 del RD 1955/2000, "para las líneas eléctricas aéreas, queda limitada la plantación de árboles y prohibida la construcción de edificios e instalaciones industriales en la franja definida por la proyección sobre el terreno de los conductores extremos en las condiciones más desfavorables, incrementada con las distancias reglamentarias a ambos lados de dicha proyección", por lo que no podrían colocar casetas de obra, talleres o instalaciones bajo estas líneas eléctricas.

4.- LÍNEAS SUBTERRÁNEAS

Si los trabajos no afectan a los cables enterrados, se posicionarán los mismos mediante banderolas o hitos, instruyendo al personal para que no se aproximen con los medios de excavación, dejando al menos una distancia de 1.5 m.

**SEÑALIZACIÓN EXTERIOR DE CONDUCCIONES DE ELECTRICIDAD
Y DISTANCIAS PARA ÁREAS DE SEGURIDAD**

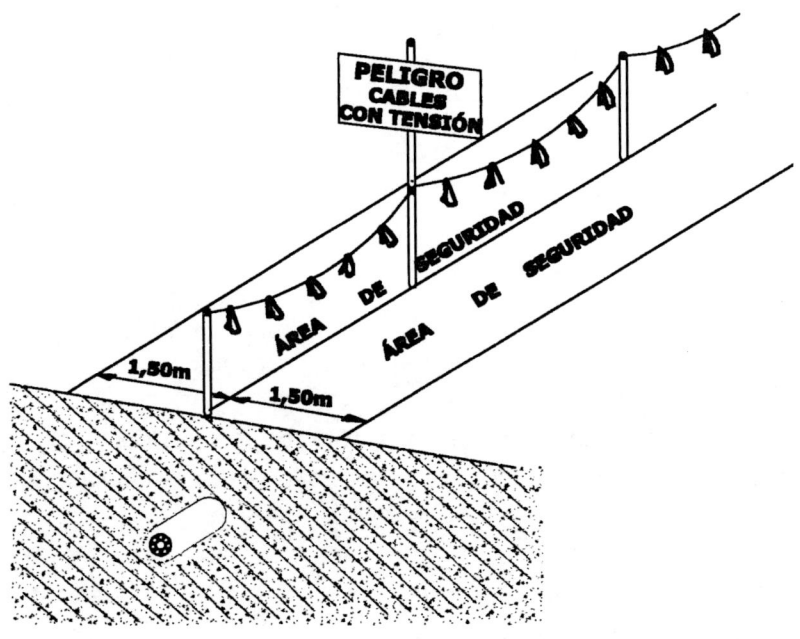

Si por el contrario, los trabajos interfieren con una línea eléctrica subterránea, se procederá a su descargo, caso que ello no pueda ser, un operario de la empresa suministradora controlará y dará las instrucciones de seguridad oportunas, después de haber eliminado los reenganches de los relés de protección de la red.

En cualquier caso, se procederá al marcado sobre el terreno, de acuerdo con los datos facilitados por la suministradora, y confirmados por el detector correspondiente.

Para evitar el deterioro de los cables, se procederá:
- Si se emplean medios como retros, excavadoras, etc., la distancia de aproximación será de 1 m.
- Con martillos neumáticos, nos podremos acercar hasta 0.5 m.
- Con herramientas manuales, podremos llegar hasta los cables.

En esta ocasión también conviene recordar que, según el art. 162 del RD 1955/2000, para las líneas subterráneas se prohíbe la plantación de árboles y de construcciones de edificios e instalaciones industriales, en la franja definida por la zanja donde van alojados los conductores incrementada en las distancias mínimas de seguridad reglamentarias.

DISTANCIAS MÁXIMAS DE SEGURIDAD RECOMENDABLES EN TRABAJOS DE EXCAVACIÓN SOBRE LÍNEAS ELÉCTRICAS SUBTERRÁNEAS

CON MARTILLO PERFORADOR HASTA 0.5 m. DE LA LÍNEA

EXCAVACIÓN CON MÁQUINA HASTA LLEGAR A 1 m. DE LA LÍNEA

EXCAVACIÓN MANUAL

PELIGRO CABLES CON TENSIÓN

1m

0,50m

- En el caso de encontrarse con una conducción no prevista, se deben, en principio, tomar las siguientes medidas:

Suspender los trabajos de excavación próximos a la conducción.

Descubrir la conducción sin deteriorarla.

Proteger la conducción para evitar deterioros.

No desplazar los cables fuera de su posición, ni tocar, apoyarse o pasar sobre ellos al verificar la excavación.

En el caso de presentar síntomas de deterioro, parar los trabajos, y avisar a la empresa suministradora.

- Si se ha producido el accidente tendremos que observar la conducta indicada en el punto siguiente.

5.- CONDUCTA A OBSERVAR EN CASO DE ACCIDENTE

El contacto con una línea eléctrica de alta tensión provoca, generalmente, el disparo de los dispositivos de corte de corriente y si así ocurre, la tensión será automáticamente restablecida en un período de décimas de segundo, por lo tanto deben adoptarse una serie de medidas de seguridad para prevenir accidentes.

En caso de caída de una línea, se debe prohibir el acceso del personal a la zona de peligro, hasta que se compruebe que no hay tensión.

No se debe tocar a las personas en contacto con una línea eléctrica, si no se está suficientemente aislado, o se hará con elementos no conductores.

El conductor o maquinista de la máquina que se puso en contacto con las partes activas de una instalación de Alta Tensión deberá seguir las siguientes normas:

- Guardará la calma incluso si los neumáticos empiezan a arder.

- Se quedará en su puesto de mando o en la cabina, debido a que allí está libre del riesgo de electrocución.

- Intentará retirar la máquina de la línea y situarla fuera de la zona peligrosa.

- Advertirá que allí se encuentra y que no deben tocar la máquina.

- No descenderá de la máquina hasta que esta no se encuentre a una distancia segura. Si desciende antes, el conductor entra en el circuito línea aérea-máquina-suelo y está expuesto a electrocución.

- Si es imposible separar la máquina y en caso de absoluta necesidad, el conductor o maquinista no descenderá utilizando los medios habituales, sino que saltará lo más lejos posible de la máquina evitando tocar esta.

Si hay alguna víctima, las personas que se encuentren en la zona peligrosa deben observar las siguientes normas:

- No tocar la máquina o la línea de tierra.

- Permanecer inmóvil o salir de la zona a pequeños pasos.

- Advertir a otras personas amenazadas de no tocar la máquina o la línea y de no efectuar actos imprudentes.

- Advertir a las personas que se encuentren fuera de la zona peligrosa de no acercarse a la máquina.

- Hasta que no se realice la separación entre la línea eléctrica y la máquina, desapareciendo la zona peligrosa, no se efectuarán los primeros auxilios a la víctima.